自 Self
驅 Motivation
力 Power

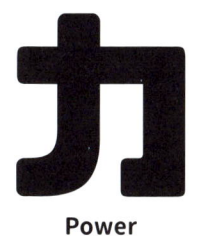

懂時間管理的孩子更自律

青藍圖書 —— 著

前言 / 05

幫助孩子做出改變

做作業總是磨磨蹭蹭怎麼辦 / 08

如何讓孩子按時起床 / 14

長期沉迷電視、遊戲怎麼辦 / 20

注意力不集中，上課不專心 / 24

父母這樣做，孩子更自律

為什麼父母越嘮叨，孩子越反抗 / 30

為什麼父母不放手，孩子越懶惰 / 35

什麼樣的性格用什麼樣的方法 / 40

為什麼孩子更需要儀式感 / 44

幫助孩子建立正確的時間觀

如何從小培養孩子的時間觀 / 48

如何區分心理時間和自然時間 / 54

你和孩子的「時間」存在哪些距離 / 58

超有效的時間管理工具

為什麼總是在睡覺前發現作業沒寫完 / 62

如何改掉孩子拖拉磨蹭的習慣 / 70

這樣做,讓孩子做事更有條理 / 86

成為時間管理高手

如何教孩子打破原有「生物鐘」/ 92

如何教孩子記錄 30 天的時間清單 / 96

如何教孩子分配 30 天的時間 / 100

這樣規劃時間更有效 / 103

如何正確實施獎勵和懲罰 / 107

兒童時間管理其實就是自我管理

如何讓孩子更自律 / 112

你若不催促,孩子不牴觸 / 115

這樣寫作業事半功倍 / 118

前言 preface

　　著名作家高爾基曾經說過：「在這個世界上，時間流逝的速度是最快的，但有時它又是最慢的；時間是最為漫長的，但有的人會感覺它非常短暫；有的人認為它是非常平凡的事物，但有的人把它視為珍寶。」可以說，時間常常是最容易被人忽略，又最讓人後悔的東西。

　　是的，時間就像一條永遠流淌的河，一旦流走就不會再回頭。所以，我們每個人都應該珍惜時間、善用時間。

　　如果一個人能夠從小學會管理時間的技巧並長期堅持，那麼他在學習中就能輕鬆取得好成績，在生活中也能過得充實、快樂。這樣的人在長大成人步入社會之後，也能較好地應對各種難題並取得較高的成就。縱覽古今中外，各個領域的傑出人才都是時間管理高手。

　　英國著名生物學家、進化論的奠基人達爾文就是一個非常珍惜時間的人。他經常犧牲自己的休憩和娛樂時間而埋首於工作之中。他在乘坐「小獵犬」號艦進行為期五年的環球航行中，除了必要的睡眠之外，把所有的時間都投入到了對動植物和地質結構的觀察、採集和分析工作中。回到英國後，他繼續潛心研究，最終寫出了《物種起源》一書，提出了生物進化論學說。他曾經對朋友說：「我不是什麼天才，在工作上也沒有什麼絕妙的捷徑可走。我之所以能完成手上的工作，唯一的方法就是珍惜每一分鐘的時間。」

　　每一位家長都希望自己的孩子能夠自律，掌握時間管理的方法，成為時間管理的小能手。但是，在生活中很多家長都有說不盡的苦惱：孩子做事不是拖拖拉拉就是丟三落四，或者隨意揮霍時間。無論自己如何苦口婆心地給孩子講道理、做示範，效果總是不盡人意。自己在工作中明明是一個精明強幹的人，卻在幫孩子樹立時間觀念時屢屢產生挫敗感。這到底是什麼原因呢？歸根結柢

是孩子對時間沒有概念，不知道時間對自己有什麼樣的重要作用，家長也沒有找到適合孩子的有趣的時間管理方法。多種因素下，關於孩子的「時間管理」，屢屢說得多做得少，而且做出的部分也不理想。所以，家長應該從時間的基本概念入手，幫孩子一步步了解時間、親近時間，和時間做朋友，鼓勵孩子利用時間做更有用、更有意義的事情。

在小學階段，善於利用時間的孩子總能取得很好的成績，每天都能愉快地度過。他們經常會受到老師的表揚和家長的鼓勵，在學習上就會有更大的動力，很容易形成這種正反饋的良好學習模式。相反，如果孩子經常浪費時間，學習效率很低，那麼他的聽課品質和學習效果就會比較差，以至於常常受到家長和老師的催促。久而久之，孩子的心理壓力就會增大，容易產生厭學等負面情緒，這對於他們今後的學習生涯十分不利。

針對以上問題，我們策劃推出了《自驅力：懂時間管理的孩子更自律》一書。在書中，我們列出了孩子在時間運用方面出現的種種問題並進行了深入分析，進而給家長們提出了幫助孩子建立正確時間觀的一些方法。我們還在書中提供了適合小學階段孩子的超有效的時間管理工具，比如早晚清單法、趣味時間表、便利貼等，讓孩子在充滿趣味的學習中輕鬆掌握時間管理的技巧和方法。

除此之外，我們在書中還提供了讓孩子成為時間管理高手的 30 天訓練方法，涵蓋了時間清單、時間分配表、行動計畫等。讓孩子在生活和遊戲中認識到時間的價值並真正重視時間，在訓練中逐漸做到高效利用時間，成為一個做事有效率的孩子。

我們相信，只要家長們能夠認真閱讀本書，並選擇適合自己孩子的方法積極實踐，那麼孩子一定會喜歡上時間管理，並成為時間管理「小達人」。

Part 1

幫助
孩子做出改變

很多時候，家長們都喜歡乖巧聽話的孩子，把孩子的這一面，稱為「可愛的天使」。但是孩子並不是一直都表現出天使的一面，還經常會露出「惡魔的尾巴」，讓家長們既生氣又無奈，比如做事磨蹭、喜歡賴床、玩個不停、丟三落四等。

你家的孩子有沒有以上表現呢？還是全都有呢？

這些表現讓家長們頭疼、苦惱，不知道該怎麼幫助孩子做出改變。

其實，這可能只是孩子沒有樹立正確的時間觀念導致的。家長如果能和孩子一起計畫時間，制定計畫表，那麼孩子的表現一定會有所改變。

做作業總是磨磨蹭蹭怎麼辦

 情景展現

小樂的國語和英語作業都能自己完成，一到數學作業，就會錯誤百出。媽媽每晚都會抽出一小時來陪她寫作業，但她總是磨磨蹭蹭，需要寫很久，以致母女二人總會因為作業而不開心。

幫助孩子做出改變 Part 1

很多家長一提起自己正在上學的孩子總是氣不打一處來，明明很簡單的家庭作業，孩子卻要磨蹭很久才能勉強完成，有時還會出現錯字連篇、錯題不斷的情況。

「磨蹭功」之寫作業篇

很多家長陪讀陪寫，最難熬的卻是輔導作業。寫之前，先是準備好吃的、玩玩具、看動畫、玩手機，然後是各種催促、鼓勵、安撫、哄騙、承諾，才能讓孩子不情不願地去寫。

眼看著拿出書包，光把書和作業本掏出來擺好，就彷彿用了一年。再打開鉛筆盒，削好鉛筆，挑好橡皮擦、直尺，彷彿又用了一年。

當他終於開始捏著鉛筆，盯著書和作業本看時，你以為他要開始了，心裡剛剛有點欣喜，他卻開始眼睛癢、鼻子癢、身上癢，像猴子一樣開始全身抓撓，除了腦子不動，其他地方都在動。

終於等到他坐直了，以為他終於要寫作業時，他卻轉過頭來說：「我想尿尿！」「我想喝水。」「我想吃點水果。」半小時能完成的作業，硬生生被磨蹭拖延到三、四個小時。

09

 **如何分析**

　　孩子磨蹭，用盡量多的時間完成作業的行為，是帕金森時間效應的一種體現。這是一種奇特的現象：同樣一件事情，不同的人完成的時間會相差許多倍。

　　這種現象也存在於孩子的學習中，有的孩子 30 分鐘能完成的作業，另一個孩子卻磨蹭一個半小時還沒寫完，導致學習效率下降，不僅占用了休息時間，還耗費了家長很多精力。

　　我們知道，無論做什麼事情，效率越低，用的時間就越長。當孩子習慣用三、四個小時甚至更長的時間寫作業後，就會出現做其他事情也拖杳磨蹭的情況。這將對孩子的成長和學習帶來很多不利影響。

課本我還沒看完，翻翻這一本就行了。

我不但看完了課本和教學輔導用書，還看了一些和學習相關的課外書，了解了一些新知識。

我學完了課本知識，還知道了好多課本以外的知識。

▲ 讀書效率不同，孩子收穫不同

幫助孩子做出改變

帕金森時間效應說明：如果給做事效率低的人提出明確的任務要求和時間限制，他們的工作效率就會有明顯的提高，持續一段時間後，他們的行事風格就會和以前大為不同。如果家長也將此訓練應用到孩子身上，相信不久後，孩子會樹立正確的時間觀念，做事變得有條理、不拖拉。

如何解決

一個科學合理的時間計畫表是孩子日常生活和學習的依據，能夠盡快幫他們走上有條不紊的生活軌道，若想解決孩子寫作業困難的問題，以下幾步可供參考：

Step1 利用便利貼，安排時間任務

家長可以選用不同顏色的便利貼，用於區分任務性質，把所有需要在這段時間完成的任務分別寫在不同顏色的便利貼上，讓孩子自主安排。

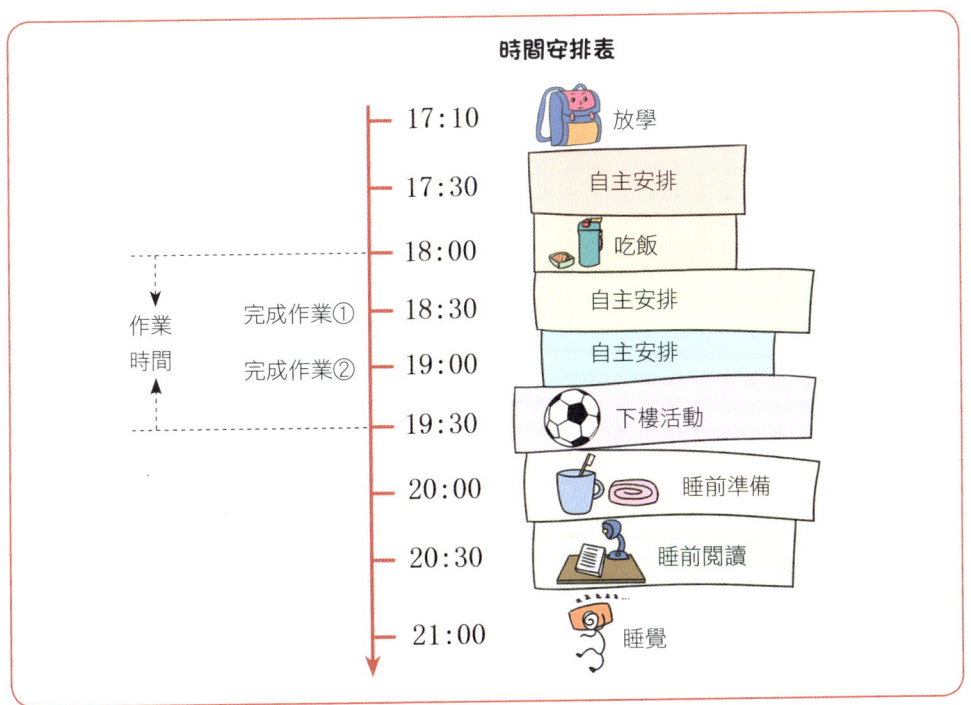

TIPS!

作業作為孩子自主安排的任務之一，會占用孩子自主安排的時間。通過便利貼時間安排圖，孩子很容易就能理解寫作業和玩所用時間之間的關係是此消彼長的，即寫作業耗費的時間越多，用於玩耍的時間就越少。明白了這個關係，孩子自然會心甘情願地積極完成作業。

Step2 列作業清單，預設時間

家長可以和孩子一起列作業清單，想一想清單都包括哪些內容，然後再根據順序進行排序。作業清單可分為列作業計畫、做作業前準備、寫作業、檢查作業、背誦類作業、家長簽字、收拾書包、整理桌面等。

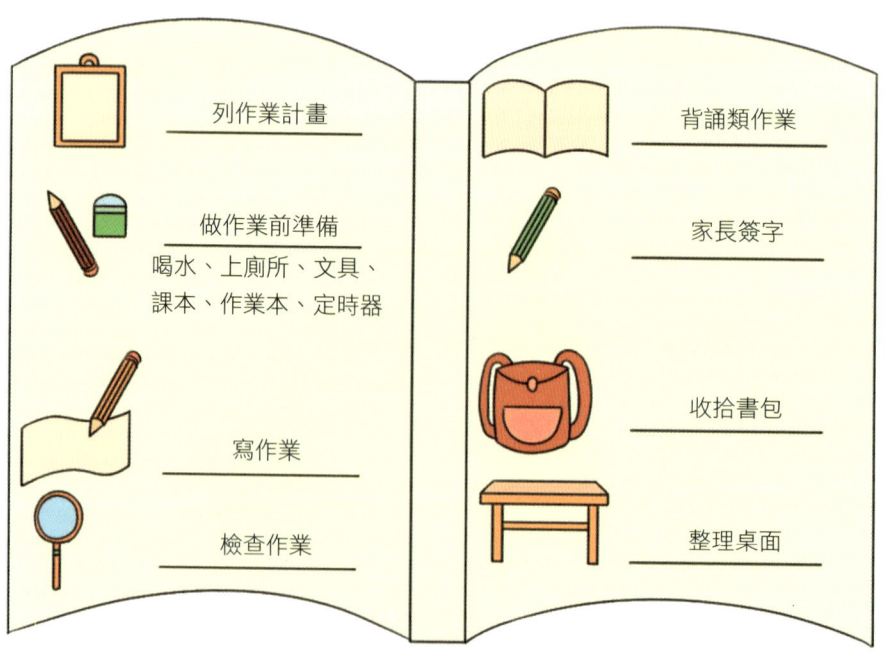

▲ 作業清單

幫助孩子做出改變

其中每一個步驟都可以單獨列一份獨立的清單細則表，如列作業計畫，就可以列出一張獨立的作業計畫表。

科目	作業內容	所需時間	順序
國語	日記	50 分鐘	4
	聽寫	10 分鐘	3
數學	試卷	30 分鐘	2
	心算練習	20 分鐘	1
英語	口語練習	20 分鐘	5
	聽寫單字	15 分鐘	6
	分級閱讀	30 分鐘	7
備註			

有了這張作業計畫表，孩子立刻就能知道今天都有哪些作業，大概需要耗費多長時間，非常直觀。

13

自驅力 懂時間管理的孩子更自律

如何讓孩子按時起床

 **情景展現**

鬧鐘響了，小麗在被窩裡一動不動。只聽到門外媽媽的大嗓門：「快起床、洗漱、吃早餐了，快，快，快……」小麗揉著雙眼，關掉鬧鐘，磨磨蹭蹭起床，媽媽見了心急如焚。

幫助孩子做出改變 Part 1

對孩子來說，起床一直都是最大的難題。而媽媽們都夢想著：每天早上溫柔地呼喚孩子，再給孩子一個溫暖的微笑，孩子快樂地從被窩裡起來，一切溫馨而快樂。

起床的真實寫照

媽媽喊一次，孩子「嗯」一聲；媽媽做好早餐，從廚房裡出來，孩子還沒動靜；媽媽氣沖沖地跑進房間，對著孩子大喊「快起床」；然後一把掀起孩子的被子，仍沒效果；最後只好生拉硬拽，把孩子拖起來。

到此，這場「拉鋸戰」還沒結束，孩子走進浴室，站在洗手台前發呆，「快點快點！」在一聲聲的催促下，孩子心如死灰，媽媽卻心如刀絞……

如何分析

睡覺至起床的拉鋸戰，幾乎困擾著所有家庭。當孩子進入小學後，這個問題會更加突出：入睡晚，影響第二天起床，導致狀態不好，上課不專心，寫作業慢，影響睡覺時間，從而進入惡性循環。

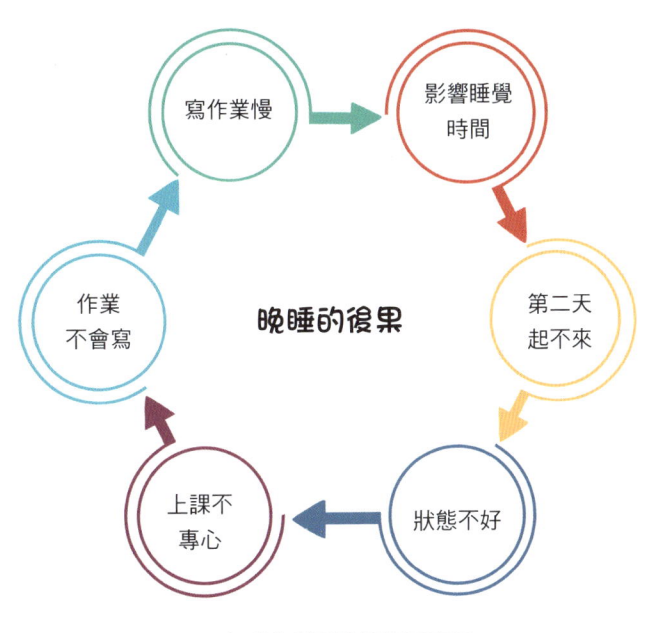

▲ 晚睡導致惡性循環示意圖

15

晚上睡得晚，導致睡眠不足，精力就不足，就像沒充滿電一樣。充沛的精力可以支撐孩子全身心地投入去做每一件事，讓孩子做事更有效率。所以，時間管理的基礎其實是精力管理。

精力大體可分為體能方面和精神方面。體能精力是一切的基礎，影響體能精力的因素主要有睡眠、飲食和運動。對孩子而言，睡眠應該是排在首位的，睡眠時長是孩子生長發育過程中很重要的參考指標，請對照未成年人標準睡眠時間圖看看自己的孩子睡眠是否充足。

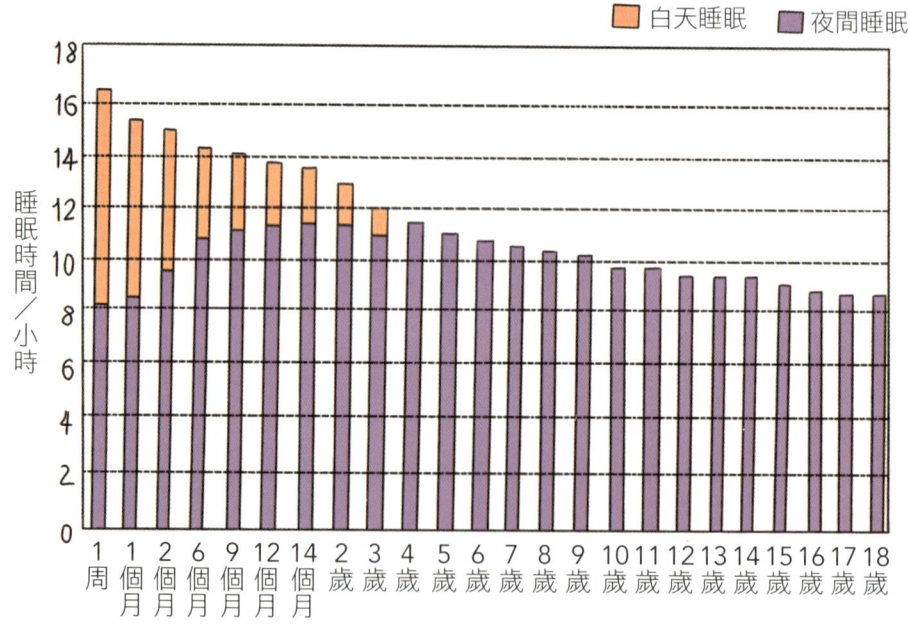

▲ 未成年人標準睡眠時間圖

科學研究表明，從晚上十點到凌晨一點是身體激素分泌的旺盛時期，如果孩子晚睡的話，就會影響生長激素的分泌，從而影響身體發育和身高。

孩子長期睡眠不足會導致身體一直處在亞健康狀態。睡覺是孩子身心恢復的最佳途徑，長期睡眠不足會導致精神疲憊、飯量減少、體重下降等一系列情況。尤其在春季和秋冬季節，流感病毒流行的時候孩子更容易患病。由此，家長們不能小看睡眠這件事，應該盡早把孩子晚睡晚起的不良習慣改掉。

幫助孩子做出改變

Part 1

 如何解決

若想解決孩子入睡問題,需要家長教會孩子使用慣例表,這樣能讓孩子真正有效、自律地管理自己從睡前到入睡的這段時間。

Step1 理清睡前事件

孩子入睡困難,主要原因在於缺乏條理性。我們把入睡作為一項任務,把洗漱、換睡衣、上廁所、閱讀、晚安、睡覺等事件繪製成可愛的小插圖,然後作為入睡前的固定事件。將這些事件排序,告訴孩子,一步一步做完後就要睡覺了。

睡前慣例表		
順序	內容	完成情況
1	洗澡	
2	刷牙	
3	換睡衣	
4	睡前閱讀	
5	上廁所	
6	關燈睡覺	

17

Step2 了解孩子不願入睡的原因

孩子晚上不願意入睡的原因有很多，比如有的孩子缺少足夠的室外運動，到了晚上，精力仍然很旺盛，就很難入睡；有的孩子覺得爸爸媽媽的陪伴時間不夠，希望能得到父母更多的關注與陪伴；當然，也可能是孩子叛逆，故意不睡。

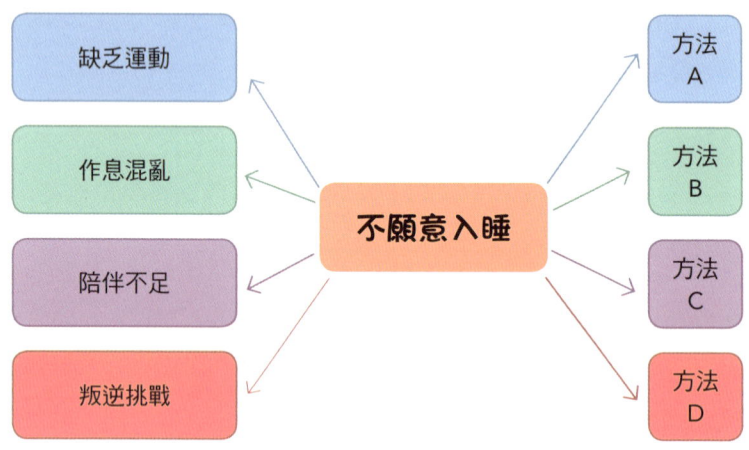

▲ 孩子不願入睡的原因

只有了解孩子不願意入睡的真正原因，才可以「對症下藥」，而使用睡前慣例表能引導孩子自己參與到解決入睡問題中，因此慣例表適用於大多數孩子不願入睡的情境。

Step3 睡前注意事項

想讓孩子養成按時入睡的好習慣，還要注意做到以下幾點，使孩子更容易實現目標。

TIPS!
1. 晚飯時間提前。晚飯時間建議安排在 19:00 之前，晚飯後盡量不再進食，睡前不要大量喝水。
2. 適度運動以助睡眠。適度運動可以幫助孩子消耗多餘的精力，但運動的

幫助孩子做出改變

時間一定不能太晚。孩子的晚間運動應盡量在 20:00 前結束，否則會讓孩子更加興奮，不易入睡。

3. 盡量少安排外出聚會，否則會打亂孩子的生活作息。
4. 家人需要創造安靜的睡眠環境。

家長們要注意的是，在孩子睡覺前的一個小時內，不能讓他們看過於刺激的動畫或電視劇，以免他們的精神處於興奮的狀態，難以按時入睡。

Step4 制定晨起任務表

最後，家長和孩子共同制定清晨任務表。孩子的年齡還小，他們對第二天需要做的事情往往沒有明確的了解。家長可以和孩子一起把每天早晨需要做的事情寫出來，按照時間排列做成一張詳細的任務表格。

晨起任務表		
順序	內容	完成情況
1	洗漱 	
2	換衣服 	
3	吃早餐 	
4	整理床 	
5	上廁所 	
6	出門上學 	

自驅力 懂時間管理的孩子更自律

長期沉迷電視、遊戲怎麼辦

情景展現

　　小軒特別愛看動畫，一到周六，他能在電視機前從早看到晚，吃飯也是穩坐在電視機前，一動不動，無論媽媽怎麼叫、怎麼勸都不行，讓人又氣又急又無奈。

幫助孩子做出改變

愛玩電動是孩子的天性，也是現代孩子的通病。很多父母的手機都不幸淪為孩子的遊戲機。只要給他們手機，他們便可以安靜地一直玩下去。

很多父母一看到孩子玩遊戲就火冒三丈，忍不住又吼又勸，手段用了一大堆，除了親子關係越來越緊張之外，根本無濟於事。孩子愛玩沒有錯，最令父母頭疼的是玩起遊戲來忘記時間，而且長時間玩遊戲，還會影響孩子的視力、頸椎，危害孩子的身體健康。

 如何分析

很多孩子從兩三歲開始就看動畫，隨著年齡的增長，他們對動畫越來越痴迷，只要在電視機前一坐，作業、學習、吃飯通通拋在腦後。當他們全神貫注地看電視時，催促、吼叫是沒有用的，強行關掉更會惹得孩子憤怒大哭，還會激發他們的逆反心理。

心理學家認為，長時間看各種短影音、玩小遊戲，都是高刺激的娛樂行為。孩子經常接受興奮度比較高的觀看體驗，不利於注意力的集中。孩子得到的更多的是被動的訊息輸入和低層次的快感體驗，這些占用了孩子發展社交技能、語言能力和創造力的時間，久而久之，就會影響到孩子綜合能力的發展和提高。

• 孩子看電視、玩手機的危害有哪些？

1. 看電視、玩手機會影響視力，導致視力下降。尤其是孩子每天看電視、玩手機的時間超過一個小時，對視力的影響會更加明顯。
2. 看電視、玩手機會對脊椎的發育造成影響，因為孩子看電視、玩手機的時候，喜歡躺著、趴著、歪著。長時間維持這樣的姿勢，有可能會引起孩子頸椎病的過早出現。
3. 看電視、玩手機會對孩子的專注力和注意力造成一定的危害，進而影響學習。因為手機或者電視中的節目內容太吸引人，很多孩子在學習的時

21

候依然對此念念不忘,因此而無法專注於學習。
4. 如果孩子喜歡模仿電視或手機節目中的危險動作,還有可能導致意外出現。另外,有的孩子喜歡走路的時候玩手機,這個舉動也是非常危險的。

除此之外,兒童教育專家研究發現,看電視時間過多的孩子的大腦發育和不經常看電視的孩子的大腦發育有明顯不同。長期看電視的孩子的大腦反應比正常孩子要慢一些,而且他們看電視的時間越長,對外界和新事物的反應就越遲鈍。

很多家長為此感到焦急,他們經常訓斥孩子,不讓孩子接觸網路,不能看電視、玩手機或電腦遊戲,但是這種教育方式往往效果不佳。其實,孩子愛看電視和玩遊戲的影響並沒有我們想像得那麼嚴重。家長們不用擔心,只要多用些心思,孩子身上的這些小惡習,還有可能化身為利器,幫助孩子成長呢!

 如何解決

看電視、玩遊戲並不是不可以,只不過需要把控好時間。所以,家長可以掌握以下幾個技巧,幫孩子提升自制力,成為時間管理小能手。

Step1 家長要以身作則

如果家長自己很喜歡看電視,而不讓孩子看,孩子心裡會不平衡,這樣不但不會讓孩子戒掉電視癮,可能還會適得其反,增加孩子的負面情緒。所以說家長要樹立好榜樣,少看電視,多陪伴孩子。

家長與孩子在家玩的遊戲		
類型	道具	時長
動手類	小汽車、鑰匙、迴紋針、字卡等	30 分鐘以上
扮演類	繪本	30 分鐘以上

續表

類型	道具	時長
創造類	積木、拼圖、黏土	1 小時以上
躲藏類	物品、數字	30 分鐘左右
繪畫類	畫紙、畫筆	1 小時以上

Step2 多參加戶外活動

參加戶外活動是一個好辦法，孩子看電視上癮很大的原因是父母不能陪伴孩子。為了孩子的身體健康，家長可以每天抽出一定的時間陪孩子參加戶外活動，比如體育鍛鍊、飯後散散步都是不錯的選擇，這樣不但可以讓孩子離開電視，對孩子的身體也有好處。

▲ 戶外踢球

▲ 陪孩子玩遊戲

Step3 轉移注意力

將孩子對電視的興趣轉移到其他方面，孩子過於依賴電視是因為覺得枯燥、無聊。玩具是幫助孩子轉移注意力的一大法寶，玩具對於孩子來說具有天生的吸引力，而且玩具不僅僅可以培養兒童的創造力、想像力，還可以培養兒童的思維力。

Step4 控制時間

控制看動畫的時間是最好的方法，父母們不要給孩子看動畫光碟，或者是下載到手機上的動畫。如果這樣，孩子就更加沒有時間觀念，因為光碟和下載的動畫，可以隨時播放，而電視節目裡的動畫，是有時間限制的。比如 6 點半的節目，到 7 點整就結束了，還可以強化孩子的時間觀念：過了 7 點就沒有了。

注意力不集中，上課不專心

 情景展現

老師反應，小辰在上課時總是心不在焉、東張西望，有時還會扭頭跟後桌的同學竊竊私語，做什麼事都是三分鐘熱度，總是不事心。

幫助孩子做出改變

家長們的疑惑：
　　自己的孩子做什麼事情都是三分鐘熱度，在家裡一會兒玩玩具，一會兒看動畫，一會兒寫作業，一會兒又吃零食。在學校，老師也常常反應孩子上課不專心，不是交頭接耳就是做小動作，孩子的成績自然也一直徘徊在中下游。

　　針對以上情形，家長們想必沒少批評孩子，但成效卻不大，這到底是怎麼回事呢？

　　經教育專家研究，其根本原因在於孩子注意力不集中，而導致注意力不集中的原因有：

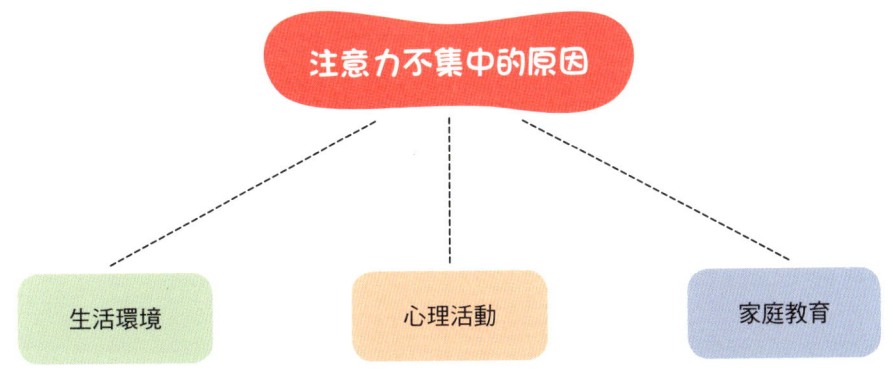

▲ 注意力不集中的原因

　　生活中，無論孩子學習還是做其他事情，都需要一個良好的環境。如果他們處在一個嘈雜的環境中，注意力很容易受到干擾，學習成效自然不佳。比如，有的家長要求孩子回房間寫作業，自己卻和朋友在客廳打麻將，電視裡還放著電視劇。在這樣嘈雜的環境中，孩子很難做到專注地學習。

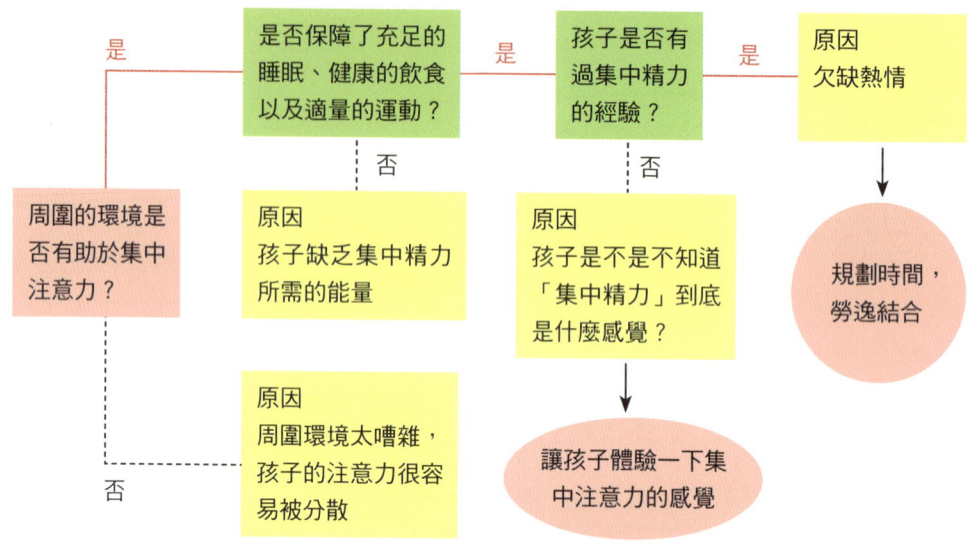

▲ 為什麼無法集中精力？

在孩子的成長過程中，他們的心理也在不斷發生著變化。比如，有的孩子對別人的看法比較敏感，他們在學習時就容易受到外界的干擾，總會在意別人的評價，他們的注意力也會因此被轉移。久而久之，孩子的注意力就很容易分散。

很多家長可能想不到自己的一些教育方式並不利於對孩子注意力的培養。比如，有些家長經常對孩子講道理，以為是在提醒孩子，但是這種「復讀機」式的教育方式會讓孩子產生厭倦感，因此很難集中精力做事。還有的家長相信「棍棒底下出孝子」，他們總是嚴厲苛責孩子，因為一點小事就對孩子大發脾氣，甚至提出孩子短期內無法完成的要求，這讓孩子的情緒比較低落，做事的時候總是瞻前顧後。

可見，我們不能把孩子做事不專心的原因都歸咎在他們自身。我們應該綜合看待這件事情，在反思自身的同時積極了解孩子的真實情況，幫孩子提升注意力。

良好的注意力是孩子學習的有力保障，它和讀書寫字一樣，是一種能力，所以是可以訓練的。因此，家長們不必太過擔心，下面介紹一些實用的好方法，幫助孩子集中注意力。

Step1 注意分解，將大任務變成小任務

對於剛上小學的孩子來說，獨立完成一項大任務是件很艱難的事。比如「去收拾一下你的玩具」，一定不如「把你的小汽車放進櫃子，把書放到書架上」更容易完成。因此，家長要根據孩子的特點來制定具體的小任務。

而對於家庭作業，我們可以將作業劃分成幾部分，告訴孩子「現在做這幾道題」，做完後讓他玩一會兒，然後再做下一部分。這樣分段完成，雖然時間比較長，但完成任務的效果要好得多。之後逐漸增加任務，延長任務時間，久而久之，孩子注意力的持續時間會越來越長。

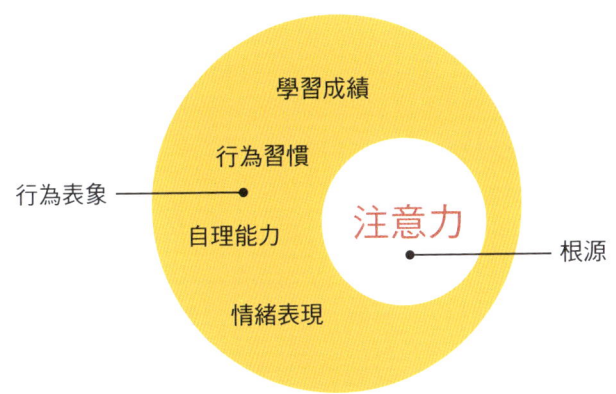

▲ 注意力集中是一切學習的前提和基礎

Step2 巧用計時器，提高孩子的注意力

針對孩子注意力不集中的問題，家長可以給孩子做規定：每寫 20 分鐘作業，可以休息 5 分鐘，堅持一個月。從第二個月開始，只有每門功課完成後中間可以休息 10 分鐘；晚上睡前閱讀的環節，也逐漸由 15 分鐘，慢慢增加到 20-30 分鐘。孩子按照這個規定堅持下去，不僅可以完成學習任務，注意力也會有所提升。

▲ 計時器

Step3 採用盯點法隨時訓練

在一張紙上畫上 10 公分×10 公分的 25 個方格,格子內任意填寫上阿拉伯數字 1 至 25,共 25 個。訓練時,要求孩子用手指按 1 至 25 的順序依次指出其位置,同時誦讀出聲。這便是世界上最專業、最普及、最簡單的舒爾特方格訓練法。

11	18	24	12	5
23	4	8	22	16
17	6	13	3	9
10	15	25	7	1
21	2	19	14	20

Step4 通過遊戲,訓練注意力

每個孩子都愛玩,一些小遊戲看似簡單,但遊戲中的文字和圖片能夠有效抓住孩子的注意力,並訓練他們在玩的過程中時刻保持專注。通過「腦力」練習,來提高孩子的專注力。

▲ 迷宮遊戲

Part 2

父母這樣做，
孩子更自律

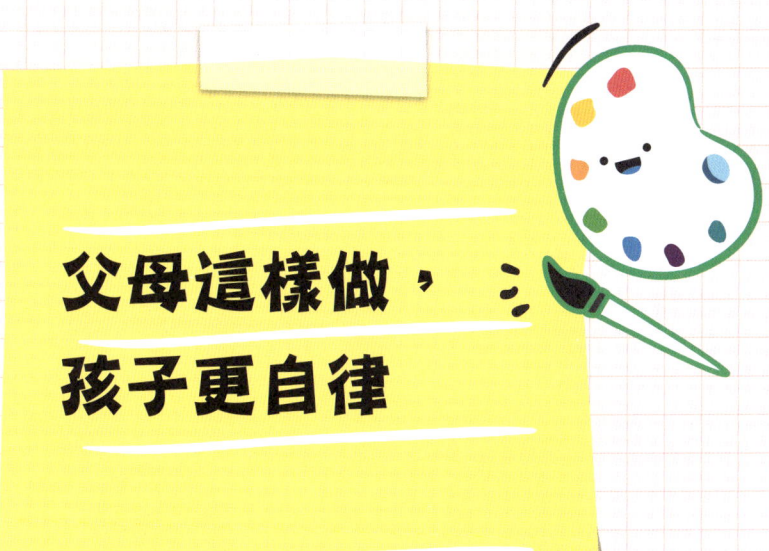

> 家長苦惱孩子不聽話，不好好學習，回到家後只知道玩遊戲、看電視，還責怪孩子不知道自己的良苦用心，埋怨自己愛嘮叨、管得多。
>
> 可是，你知道孩子為什麼喜歡反抗嗎？很多家長並不了解自己的孩子，不知道孩子真正需要的是什麼。
>
> 聰明的家長不嘮叨，明智的家長不包辦，你想做哪一類家長呢？

為什麼父母越嘮叨，孩子越反抗

 情景展現

父母有父母的煩惱，孩子也有孩子的煩惱。很多父母都在抱怨自家孩子：有些明明很簡單易做的事情和他說了無數遍要怎麼做、做的好處、不做的後果，可是孩子卻不明白、記不住或者直接拒絕執行，輕則無視父母的苦口婆心，重則言語衝撞、反其道而行之。

▲ 來自媽媽的嘮叨

父母這樣做，孩子更自律

如何分析

父母的嘮叨，在孩子心裡竟然是這樣的：

父母什麼都想管、什麼都要管，彷彿自己的言行舉止都在他們的監控之中，稍有不妥，便聽到父母的嘮叨──「哎呀，你怎麼又這麼做了？你能不能長點記性啊？告訴你多少次了，你什麼時候能長大懂事啊？我真是為你操碎了心，你怎麼就是不聽話呢？……」如果可以投票，那麼無數次重複同一句話的「嘮叨」肯定會名列前三。

有一種道理叫作「杯滿則溢，言多必失，過猶不及」。有些事，並不是說得越多、管得越細，執行效果就越好。有的孩子時間管理能力較差，逆反心理嚴重，總是不把父母的話當回事，原因往往出在父母的不當管教方式上──過度嘮叨。在心理學上，這被稱作「超限效應」，當外部刺激過多、過強或持續時間過久時，反而會讓人感到厭倦、煩躁，甚至牴觸、反抗。對於被嘮叨的孩子而言，父母的好心好意已然變成了一種心理負擔。

● 父母的嘮叨，會給孩子帶來心理負擔嗎？

1. 產生逆反效果。正如俗話所說的──你說得越多，他記得越少。
2. 造成孩子的焦慮。特別是在一件事情上強調很多遍，孩子容易產生糾結和自卑心理。
3. 對「別人家的孩子」產生抗性、排斥與莫名的憤怒，影響以後的人際交往。
4. 形成童年陰影，甚至可能發展到性格與教育方式的「遺傳」，影響後輩。

31

毋庸置疑,「超限效應」的誘發方——父母,本身就存在著一些問題。有時候,這類父母並沒有意識到自己的問題,反而覺得自己言之有理,這也是親子之間溝通不暢的原因所在。

父母喜歡干預孩子的生活,對孩子指指點點,希望他們按照自己的想法去做事情,本質上是一種凡事以自我為中心的「控制欲」的表現。這類父母想要掌握孩子的一切行為,所以才會不斷叮囑、不斷提醒、不斷督促,要孩子做到自己滿意才肯罷休。若是孩子違背了父母的意願,沒有言聽計從,他們就會立即阻止、再次強調,甚至批評指責,久而久之,「超限效應」就從小嫩芽慢慢長大,甚至枝繁葉茂。孩子的反抗是他們對父母過度管教一忍再忍的必然結果。

美國心理學家簡•尼爾森說過:「假如父母能夠少說話、多行動,那麼他們與孩子之間 75% 的問題可能會隨之消失。」喜歡嘮叨的父母大部分都會同時表現出性格軟弱、情緒緊張,他們對自己很不自信,對孩子也沒有信心,總覺得如果話沒說清楚,事情就不會做好,嘮叨能帶給他們安全感和滿足感。而且,這類父母對自己的生活一貫懶惰、敷衍,卻對孩子提出過高的要求,甚至苛求孩子要做到連自己都做不到的事情。這就導致孩子不僅不聽話,還會感到不公平,表現得更為叛逆。

想要讓孩子學會管理自己的時間,父母的提醒和督促是必不可少的,但是一定要講究溝通方法,切忌自說自話,否則只會事倍功半。父母們可以通過以下幾個方法來改掉嘮叨的毛病。

Step1 用簡單的指令代替無用的嘮叨

當父母抱怨孩子沒有正確執行自己安排的任務時,要學會從源頭上找原因,比如我們的指令是否簡單、明確、可操作。如果父母的指令冗長又繁瑣,說了一大堆話卻只是東拉西扯、缺乏重點,孩子不僅會感到困惑,不知道該如何去做,

父母這樣做，孩子更自律

也會在接收訊息的過程中逐漸失去耐心，即使聽懂了也動力不足，何談執行力呢？

同樣是批評孩子沒有做完作業就急著看電視，以下兩個媽媽使用了不同的溝通方法：

> 又在看電視！趕快去寫作業，別看了！

VS

> 5分鐘後，你要乖乖去寫作業。

> 好的，我知道了！

▲ 嘮叨的媽媽　　　　　　　　　▲ 明智的媽媽

對比一下，哪種溝通方式的效果好呢？如果想讓孩子按時起床、乖乖吃飯、好好寫作業，父母應該盡量配合他們的語境表達訴求，告訴孩子這件事需要怎麼完成、要用多長時間、實現什麼目標。這樣一來，孩子容易理解，也聽得進去。

Step2 開啟就事論事的「我與訊息」模式

如果父母除了下達明確指令外，還想講些道理給孩子聽，培養他的主觀能動性，尤其是在孩子犯錯的時候，這時最有效的溝通方法是就事論事、點到即止。若在大道理裡面夾雜許多抱怨、指責、翻舊帳、貼標籤等內容，看似針針見血、鞭辟入裡，實則畫蛇添足，甚至破壞性十足、副作用明顯，完全不利於孩子的心理成長。

自驅力 懂時間管理的孩子更自律

▲ 不同的溝通方式

應該像右邊這位媽媽一樣，運用「我與訊息」模式與孩子平和、坦誠地進行溝通，孩子也會同樣坦誠地回應父母，溝通效果會更好。

小撇步

我與訊息＝你的行為＋我的感受＋我的需求

首先 如實描述孩子的行為：現在已經12點了，你還沒有完成作業。

然後 說出你的感受與理解：我有點不開心，因為以你的學習能力，不應該拖到這麼晚，一定是有什麼事情讓你分心了。

最後 表達你的需求與期望：我希望你以後可以安排好學習時間，分清楚做事的主次輕重，既保障學習效率，也照顧好自己的身體。

34

父母這樣做，孩子更自律

為什麼父母不放手，孩子越懶惰

父母都非常愛孩子，但也經常對孩子的表現感到不滿。他們認為自己忙碌工作一天，回到家還要手把手地教孩子學習、幫孩子料理事務。每天的時間都不夠用，孩子卻不理解自己的苦心。他們不是在磨磨蹭蹭中浪費時間，就是把父母的安排拋之腦後，很難按照父母的要求順利完成任務。

如何分析

很多父母可能不知道，在孩子眼裡自己就像父母養的寵物一樣，明明很多事情自己可以做，卻被父母一手包辦，自己的想法往往得不到父母的理解和支持。如果自己沒有做好事情，就會被父母一再地嘮叨甚至指責。在這樣的家庭氛圍中，孩子過得並不開心，表現出來就是做事情拖杳，一切只能由著父母安排。

日常生活中，父母為孩子做得太多，就會減少甚至剝奪孩子獨立成長的機

自驅力 懂時間管理的孩子更自律

會，久而久之，孩子在做事情上就會顯得能力不足、缺乏信心，甚至優柔寡斷，最後不得不依賴父母。而在時間管理問題上，有的父母會說：

> 我家的孩子還小，他沒有什麼時間觀念，所以我要經常幫他做各種事務。

其實這種觀點是錯誤的，父母總認為自己的孩子太小，就替他們做好一切事情。但是，孩子沒有得到鍛鍊，自然不能很好地管理時間。

以至於讓孩子產生「我不需要動腦筋，一切事情都由父母來安排，時間計畫表也是父母做就行了，到時候我按照計畫表能做多少就算多少」的想法。

從父母的角度看，「孩子只要能按照自己制定的時間計畫表去做事，就會取得一定的成績」。這恰好佐證了父母認為自己的作用不可或缺的觀念。父母作為成人，有著豐富的時間管理經驗，因而制定比較合理的時間計畫表給孩子使用，但這並不代表孩子有計畫時間和管理時間的能力。

如果父母沒有給孩子制定計畫，會如何？

如果父母有一段時間特別忙，沒辦法給孩子制定計畫，沒有幫孩子做好後勤工作，那麼孩子的日常學習和生活就會變得一團糟。很多父母這時會批評孩子，殊不知，孩子已經產生了依賴心理，離開了父母的安排，他們什麼事情都做不好。

父母的包辦會扼殺孩子的創造力和意志力，在這樣的家庭教育下長大的孩子，遇到困難就會退縮，在與人相處中的表現也會比較懦弱，很難真正在社會上立足，甚至孩子以後的成家立業也會受到影響。

所以，我們作為父母不但要反思和改變自己以前的教育方式，還要採取有效的方法幫孩子盡快從這種依賴式生活中脫離出來，成為時間管理的高手。

父母這樣做，孩子更自律

如何解決

Step1 大膽放手，讓孩子自己來

父母要和孩子坐下來一起商量日常事務的分配和管理，要明確哪些事情是孩子應該自己去處理的，哪些事情是父母可以從旁協助的。然後，大膽放開手，讓孩子自己管理自己的事情。

指導 在教育孩子的過程中，父母一定要學會信任孩子、肯定孩子。父母要以身作則，讓孩子做一些力所能及的事情，例如，整理書包。

媽媽：作業寫完了，接下來做什麼呢？ ……… 父母可以順勢提醒孩子

孩子：哦，檢查完，就可以收起來啦。

媽媽：嗯，是的。明天上學是不是還要用 ……… 父母先肯定孩子，然後繼續暗示
到呢？

孩子：嗯嗯，那我可以整理書包了。

媽媽：整理書包，我們可以一起列書包清 ……… 父母引導孩子如何整理，激發孩子興趣
單，想一想都需要帶哪些物品，好
不好？

筆記本　　　　　　　　　　　　文具

練習冊　　　　　　　　　　　　水杯

課本　　　　　　　　　　　　　小毛巾

▲ 書包清單

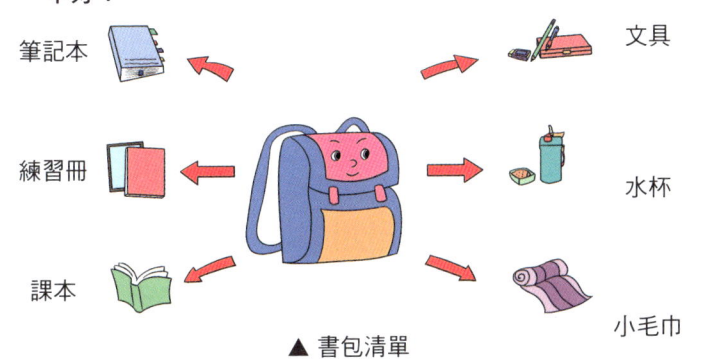

37

Step2 寬容看待孩子在時間管理上的不足

孩子剛開始安排自己的事務時，總是會出現各種問題。比如把時間安排得過於緊湊或者過於寬鬆，他們還可能做了時間計畫，但實際上卻沒有按照計畫做事。

時間安排			
學習任務		生活任務	
背單字	20 分鐘	吃飯	20 分鐘
心算	10 分鐘	洗漱	10 分鐘
作文	30 分鐘（過短）	整理	10 分鐘
繪畫	30 分鐘	休息	30 分鐘（過長）

面對這種情況，父母們不要過於擔心，因為孩子缺乏經驗和應對方法，自然會出錯，作為父母應該給孩子出錯的機會，積極鼓勵孩子，告訴他「我相信你一定會做好，一定會慢慢熟練掌握時間」，而不是擅自越界幫孩子處理這些事情。

Step3 支持孩子大膽探索出自己的時間管理模式

每個孩子的性格和特點都不一樣，他們對時間的安排也會不同，父母不能用其他孩子的時間管理模板套用在自家孩子的身上，而是要鼓勵孩子探索適合自己的時間管理方式。比如，有的孩子在早晨記憶力非常好，就適合晨讀背誦文章，而有的孩子在下午記憶力最好，就可以把背誦的任務放在下午完成。

時間安排	
時間	內容
8:00-8:30	背誦（記憶力好）
14:30-15:00	繪畫（背誦）根據孩子情況而定

孩子在時間管理上有自己的想法時，父母要遵守多聽少說的原則，耐心聽孩子講出他的理由，在不影響正常學習的情況下，可以鼓勵孩子大膽嘗試他的想法，並及時給予孩子適當的讚揚，鼓勵孩子將積極探索的熱情長期保持下去。相信經過一段時間的試錯後，孩子就能找到適合自己的時間管理模式了，而這種模式是孩子自己探索出來的，他的積極性和熱情就會更高，時間管理的效率也就會相應地得到提升。當父母與孩子對時間安排意見不統一時，父母可以放手，讓孩子自己根據自身情況做安排，逐漸養成自己的時間習慣。

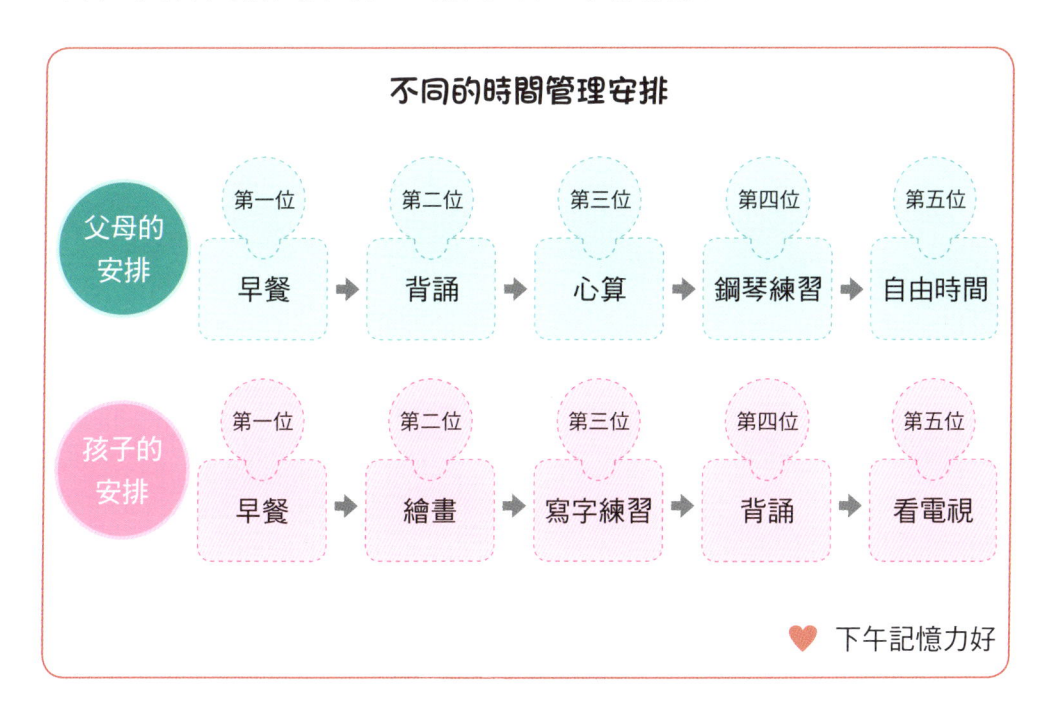

不同的時間管理安排

父母的安排
- 第一位：早餐
- 第二位：背誦
- 第三位：心算
- 第四位：鋼琴練習
- 第五位：自由時間

孩子的安排
- 第一位：早餐
- 第二位：繪畫
- 第三位：寫字練習
- 第四位：背誦
- 第五位：看電視

♥ 下午記憶力好

什麼樣的性格用什麼樣的方法

不少父母抱怨:「孩子總是拖拖拉拉、磨磨蹭蹭,說了一百遍還是不聽。」那麼,你有沒有反思過,自己的方法為什麼不管用?既然嘮叨、吼叫沒有效果,那何必浪費口舌,讓自己痛苦,讓孩子煩呢?那是不是從此放任自流呢?也不是。關鍵是找對方法,學會「溝通」,而不是一味單向地你說他聽。

作為父母,教育孩子的前提是要懂孩子,了解孩子的性格特點,找到他最能接受的教育方式。

如何分析

很多家長在教育孩子時,往往忽略了一件重要的事情:孩子的性格。

每個孩子都有獨特的性格特點,大致可以分為四大類:活潑開朗型、性格溫和型、調皮搗蛋型、內向沉靜型。

活潑開朗型的孩子思維活躍,反應敏捷,人際交往能力比較強,但自制力較弱,做事情總是半途而廢,上課很容易被外界干擾,注意力不集中。

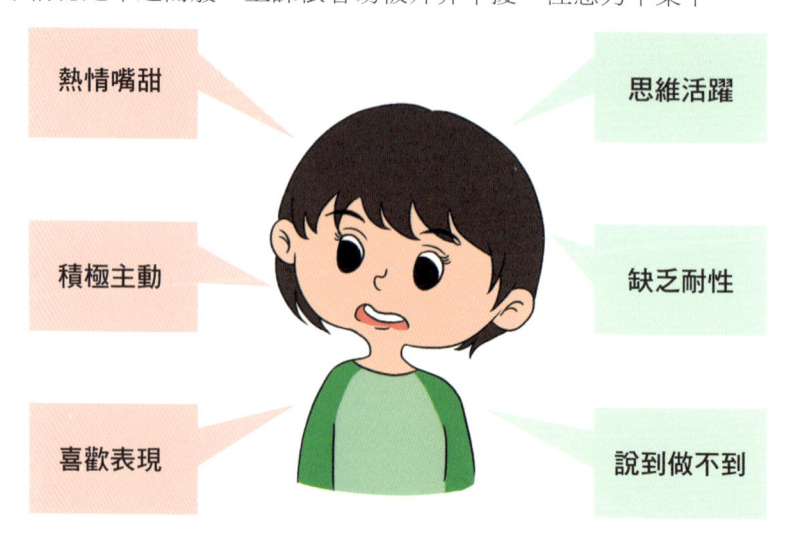

熱情嘴甜　　思維活躍
積極主動　　缺乏耐性
喜歡表現　　說到做不到

▲ 活潑開朗型的孩子

父母這樣做，孩子更自律

性格溫和型的孩子大多習慣聽從家長、老師的安排，也喜歡動腦筋思考，做起事情來一板一眼，像個小大人似的，這類孩子都有著很強的自尊心，不喜歡被家長當眾批評。他們大多數情況下做事比較有耐心，但是比較固執，比如做事追求完美，但是效率沒有提升，就會顯得很拖沓。

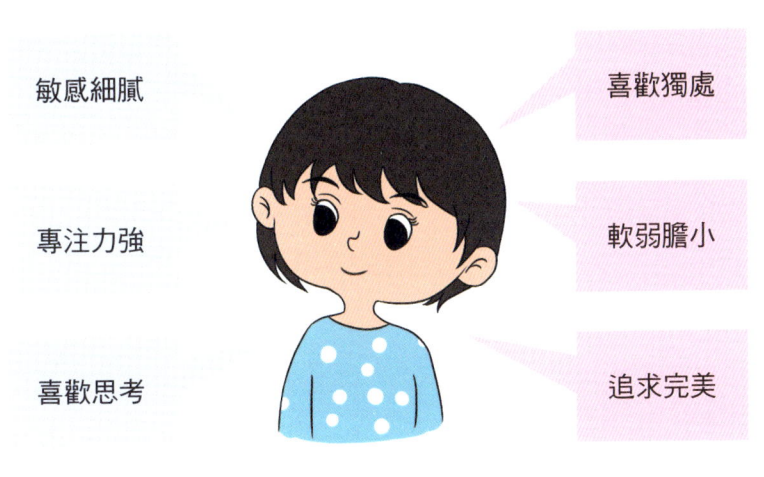

敏感細膩　　專注力強　　喜歡思考　　喜歡獨處　　軟弱膽小　　追求完美

▲ 性格溫和型的孩子

調皮搗蛋型的孩子經常做出令人意想不到的惡作劇。這種孩子膽子比較大，敢做敢說，有很強的創造力。他們喜歡打打鬧鬧，但對規則的理解和執行很差，在學校裡這些孩子經常成為老師批評的對象，父母若想讓調皮搗蛋的孩子按照時間表去生活和學習，最後往往以失敗告終。

活潑好動　　有主見孩子王　　自信勇敢　　奮勇爭先　　調皮霸道　　叛逆倔強

▲ 調皮搗蛋型的孩子

41

內向沉靜型的孩子在做事情上比較穩妥，他們大都聽從老師和家長的安排，不會做出太誇張的事情，但是他們不愛與人交往，有想法也常常悶在心裡，也很少和家長交流。

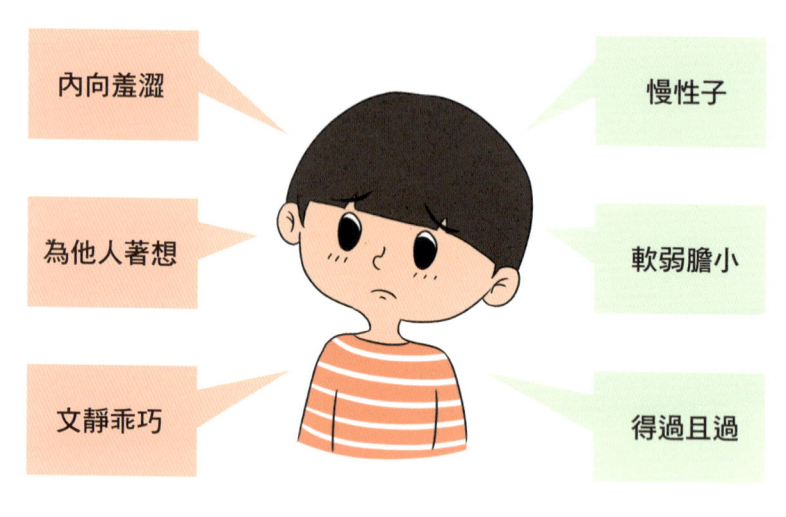

內向羞澀　慢性子

為他人著想　軟弱膽小

文靜乖巧　得過且過

▲ 內向沉靜型的孩子

如何解決

Step1 針對活潑開朗型的孩子

家長要多與孩子溝通交流，充分滿足孩子的表現欲，並在溝通中尊重孩子的想法，以贏得孩子的認同。

在親子共同制定計畫表的時候，要根據孩子的性格特點來規劃每天的日程安排，避免單一、枯燥。孩子適應了按照計畫表做事的時候，家長可以將學習時間適當延長，同時，家長要明白，提高孩子的自制力不是一天兩天就能完成的，需要家長和孩子長期堅持。因此，家長可以在時間表中融入一些提高孩子自制力的親子遊戲等。

Step2 針對性格溫和型的孩子

家長應該充分尊重孩子的想法，甚至可以放手讓孩子自己制定計畫表，家長僅做拾遺補缺的工作，這樣既尊重孩子，也能激發孩子的積極性。如果孩子沒有按計畫完成任務，家長最好不要當面批評，進行委婉的提醒，效果反而會很好。

Step3 針對調皮搗蛋型的孩子

家長首先要做到耐得住性子，讓孩子明白規則的意義，盡可能地遵守日常規則。

在此基礎上，可以和孩子共同制定有創意的日常計畫表，將孩子的創造性發揮到時間規劃和日常學習中去。在制定日常時間表的初期，家長應當給孩子多預留一些時間，讓他逐漸適應這種受到規則約束的生活方式，然後再逐漸安排任務更為密集的時間表，讓孩子去挑戰，這樣能起到令人意想不到的效果。

Step4 針對內向沉靜型的孩子

家長給這類孩子制定計畫是最為輕鬆的，一般情況下，家長制定出什麼樣的計畫表，孩子都會遵照執行，沒有抗議，沒有討價還價。因此，家長在制定計畫時更應該多考慮到孩子的真實需求和興趣愛好，每隔一段時間，家長要主動和孩子溝通，了解孩子對時間表的想法，並進行適當的調整。

為什麼孩子更需要儀式感

提到儀式感，讓人不禁想到春節圍爐、守歲、發壓歲錢；端午節戴香囊、吃粽子、划龍舟；中秋節賞月、吃月餅等等。

那麼，儀式感與契約精神如何在時間管理中得到應用呢？

當孩子開始執行計畫表時，可以舉行啟動儀式，比如在工具上設置一個起點，讓孩子在起點處簽名。此外，還可以讓孩子在計畫表後做出承諾，可以添加一些特別的小儀式，如打勾勾、擊掌、簽承諾書等。

如何分析

心理學家認為，孩子從出生後到成年前需要四種心理支持，分別是安全感、存在感、成就感和幸福感。可能很多父母想不到簡單的家庭儀式感就能滿足這四種心理需求，更讓父母們想不到的是儀式感也有助於培養孩子的時間管理能力。

當孩子的生日到來時，父母給他舉辦一個小小的家庭聚會，還買來生日蛋糕，送給他生日禮物並祝福他健康快樂成長，這就是儀式感的一種表現。

▲ 孩子的生日慶典

儀式感就是人們尊重和熱愛生活的一種態度，就是讓人感到今天和其他時間是不一樣的，它能讓我們感覺到幸福和溫暖，會讓我們牢牢地記住。

儀式感的形式有很多種，它的核心是愛的表達，可以體現在愛情中，可以體現在特定的節日中，也可以體現在日常生活中。

在很多家庭中，父母都重視孩子的學習，卻忽視了儀式感，更沒有把儀式感用在孩子的時間管理上，這也成為孩子不重視時間的原因之一。

孩子的時間管理能力差與他沒有受到良好的契約精神教育有關。契約精神其實就是一種誠信精神，無論是雙方口頭約定或者是書面約定，一旦確定之後都要認真執行的一種態度。孩子在生活中隨口承諾卻又無法兌現的現象比比皆是，這就是不遵守契約精神的表現。當孩子沒有受到儀式感熏陶和契約精神培養時，就很難成為時間管理的小高手。那麼，我們應該如何將儀式感和契約精神與孩子的時間管理培養相結合呢？

如何解決

Step1 將儀式感和具體時間管理內容相結合

父母可以將以往給孩子進行時間安排的命令模式轉為和孩子共同進行時間管理約定的交接儀式，在儀式中鄭重地將任務交給孩子，還可以在每個時間節點上設置相應的小儀式，帶給孩子驚喜。

TIPS!

當孩子完成某項任務時，父母可以給孩子拍張照片，作為留念並貼在紀念牆上。當孩子能堅持一段時間準時作息後，父母可以獎勵他一枚勳章。當我們將這些稍花心思就能想到的小小的儀式感融入孩子的時間管理生活中後，孩子就會得到滿滿的驚喜，有更強的動力去做得更好，親子關係也會更加融洽。

Step2 帶孩子多參加相關的活動

在節假日的時候，父母可以帶孩子參加與傳統節日慶典等相關的文化活動或儀式，還可以鼓勵孩子參加少年軍事體驗活動，讓孩子在這些活動中體會到相關文化知識以及不同的儀式感，在潛移默化中增強孩子對儀式感的理解和認同。

傳統節日及儀式		
名稱	時間	儀式
春節	正月初一	吃餃子、放鞭炮、穿新衣、拜年
元宵節	正月十五	吃元宵、逛燈會、猜燈謎、看煙火
清明節	四月五日前後	踏青、掃墓祭祀
端午節	五月初五	包粽子
中秋節	八月十五	吃月餅、賞月
重陽節	九月初九	登高、敬老
除夕	十二月廿九或三十	圍爐、守歲

Step3 用儀式感增強孩子對契約精神的重視

孩子經常隨口承諾，但是往往兌現不了，歸根結柢就是內心深處沒有把這些承諾當回事。父母可以用儀式感解決這個問題，比如在與孩子做某些約定時，父母要讓孩子先認真考慮自己是否能做到，當孩子認為自己可以做到時，父母可以和孩子進行簽約儀式，並且告訴孩子一旦答應就要認真完成，不能中途反悔。

父母用這種方式增強孩子對承諾的重視感。當孩子沒有完成任務時，父母不能不聞不問，一定要讓孩子承擔相應的後果，只有這樣，孩子才會越來越重視契約精神。

Part 3

幫助孩子建立正確的時間觀

自驅力 懂時間管理的孩子更自律

> 時間是什麼？
>
> 很多孩子在剛接觸時間管理的時候，並不理解什麼是時間，又該怎麼安排和分配。很多時候，家長覺得孩子總是在浪費時間，是因為他們沒有幫孩子樹立正確的時間觀，沒有讓孩子在日常生活中學會自我管理。
>
> 家長要教會孩子守時、惜時，更要讓孩子懂得怎樣利用、使用時間。

如何從小培養孩子的時間觀

孩子上小學後，很多家長開始注重時間觀念培養，希望孩子能夠在短期內達到自己的期望。但是家長們美好的願望常常被現實所擊敗，孩子對他們的要求並不理解，甚至有些抗拒，導致家長們精心安排的時間表很難得到落實。那麼，問題出在哪裡呢？

其實家長們走入了一個誤區，那就是他們認為孩子的時間觀念在短期內就能養成並有很好的效果，可事實並非如此。

上小學前 VS 上小學後

孩子上小學前，家長們並沒有重視孩子的時間觀念的培養。因為孩子的年齡還小，他們很難理解時間的概念，更加重視自己眼前看到的事情，對那些抽象的概念並不感興趣。

當他們進入小學階段後，就會受到學校的束縛，甚至在生活上也要以按時學習為主。這會讓他們感到很不適應，如果家長的教育方法不適當，就會讓孩子更加苦惱甚至抗拒。

幫助孩子建立正確的時間觀

對家長來說，如果在幼兒園時期沒有重視對孩子的時間觀念的培養，突然在一年級這個時期要求他格外重視時間，這對孩子來說確實有些難，因為習慣的養成不是一天兩天就能做到的。

在生活中，沒有時間觀念的孩子更注重自己的喜好和感受，並不在意時間。比如有的孩子玩電腦遊戲很入迷，到了吃飯時間還是不想停下來；孩子在玩玩具的時候，家長讓他們停下來去學習，他們就會很不樂意或者拒絕執行。孩子認為家長不顧自己的感受，是在強行要求他們把自己喜歡的事情放下，並沒有意識到某個時間要做某些事情的重要性。

當孩子全神貫注地做自己喜歡的事時，如果家長簡單粗暴地要求孩子放下手中的事情，很容易引起他們的反感。

▲ 嘮叨的媽媽

父母與孩子之間的較量：

媽媽：我已經跟你說過了，玩半個小時後就要去寫作業，現在時間到了，我要求你放下手機，不然我就要生氣了。

自驅力 懂時間管理的孩子更自律

> 孩子聽後可能會戀戀不捨地放下手機，不情願地打開書包去寫作業。如果孩子在睡覺前玩得很開心，超過了約定時間還沒有上床的意思，家長卻強行阻止他，說「現在你馬上去睡覺，已經很晚了，不然明天會沒有精神」、「記住我讓你做的事情，一定要按時去做」等。如果家長經常對孩子說這樣的話，孩子不但會對家長的安排感到厭煩，還會產生時間是個壞東西，厭惡時間的感覺，不利於孩子正確認識時間。

由此可見，孩子沒有良好的時間觀念，不能規律地生活，其中相當大的責任在於家長。因此家長應該幫助孩子了解什麼是時間，幫助孩子樹立正確的時間觀念。

如何解決

時間，看不見、摸不著，卻又與我們的生活息息相關。生活是最好的學堂，為了直觀地展示時間，我們可以借助沙漏、時鐘和時間軸等時間工具。

沙漏

沙漏由兩個玻璃球和一個狹窄的連接管道組成。沙子穿過狹窄的管道流入底部玻璃球，沙子漏完所需的時間即是沙漏時間。

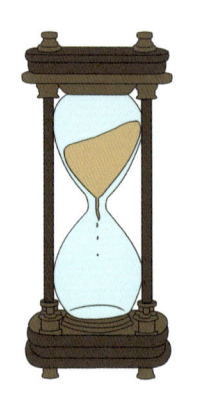

▲ 沙漏

我們可以通過沙漏工具來計算時間，如 2 分鐘、3 分鐘等。當你為孩子準備一個沙漏，他看到沙漏中緩緩流動的小沙粒，會特別感興趣。這時，他便開啟了「十萬個為什麼」模式。

> 孩子：媽媽，這裡面是什麼？
>
> 媽媽：沙子。

> 孩子：它們是怎麼掉下來的？
>
> 媽媽：你看，這個沙漏的中間有一個很小的洞，沙子可以從洞裡掉下來。
>
> 媽媽：我們來一起看看，沙子全部流完需要多長時間？
>
> 這時，你可以觀察鐘錶時間，當沙子全部漏完時，秒表正好走完三圈，即三分鐘。如此便形象地為孩子展示了「三分鐘」的時間。

當孩子沒有時間觀念時，我們常常會說「再玩三分鐘我們就回家」。可是三分鐘很抽象，孩子對時間的感知又不成熟，又如何讓他體驗到三分鐘到底有多長呢？有了沙漏這一工具，就可以幫孩子把時間的概念建立起來。

除此之外，還可以幫助孩子培養日常習慣。比如，當你要求孩子洗臉刷牙的時間必須有三分鐘時，也就是沙漏全部流完之時。我們就可以把沙漏放到洗手台，讓孩子體驗洗臉刷牙的三分鐘。

時鐘

在生活中，我們常用時鐘來表示時間，圓盤式時鐘是教授孩子認讀時間最直接的工具。

首先，我們可以從認識整點開始。

圓盤時鐘上有 12 個數字，把時間量化變成了圓盤上的數字。當孩子認識了數字後，就可以逐步幫助孩子認讀。

「你瞧，這根又胖又短的針，它叫時針，當它指著數字幾，便是幾點鐘。」這時，你可以指著時鐘上的整點告訴孩子這就是幾點。

此外，我們還可以將認讀時間與孩子生活習慣的培養結合在一起。比如，晚上 9 點該睡覺了，便可指著時鐘問：「孩子，現在幾點啦？」然後再自問自答地指著鐘面上的整點說：「哎呀，9 點了，現在該上床睡覺了。」久而久之，孩子對整點的認識會逐漸加深。

其次，進入下一步認識半點。

認識半點對孩子來說最大的難度就是讓他理解分針走到 6 時，指的是 30 分鐘。圓盤式的鐘表有一圈整點數字，沒有 24 小時的數字，整點之間更沒有分鐘的數字。

這時，我們不妨動手製作一個鐘表教具。在最外圈畫上分鐘的數字，然後寫上 1 至 12 的整點，在內圈附貼上 13 至 24 的數字，如右圖。

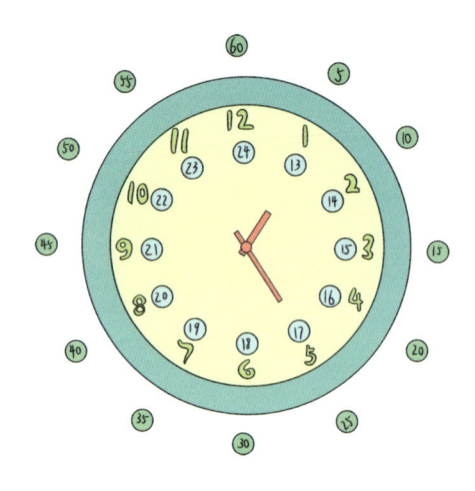

▲ DIY 時鐘

這時，鐘表有三圈，最外圈是分鐘數字，中間圈是整點，最內圈顯示的是 24 小時，這樣時鐘上便有了分鐘的數字。插上時針和分針後，交給孩子，他會順時針、逆時針地轉個不停，也會觀察到分鐘轉動時，圈內還有數字。

這時，你可教他：鐘表內又細又長的針，叫分針。我們撥動它轉一圈，就是 60 分鐘。這時拿來家裡常用的鬧鐘，對照著 DIY 的表盤，告訴孩子：當分針轉動一圈時，時針也有了變化。

慢慢地，孩子的腦海中便有了整點和半點的時間概念。我們可以隨時抽查，問問他：「幾點啦？」年齡稍大些的孩子，我們可以和他一起，將鐘表內的時間列為一日時間軸，可以更加直觀地了解時間。

時間軸

如果說沙漏幫助孩子感受時間，時鐘幫助孩子認讀時間，那麼時間軸可以讓孩子理解時間和自身的聯繫。

我們要教孩子認識時間，一定是從「一天」的時間開始講起。時間軸是把鐘表的時間橫向展開，把抽象的時間分為具象的時間段，這就需要家長和孩子一起將時間變成生動的圖畫。注意：整個過程盡量讓孩子參與討論和體驗，每一個步驟都是讓孩子理解時間的關鍵。

幫助孩子建立正確的時間觀

時間軸的作用主要是讓孩子知道每天都是一個循環的過程。對於年齡小的孩子來說，通過時間軸可以了解白天和黑夜、上午和下午這些大塊的時間段。同時，家長還可以根據時間軸來培養孩子的生活作息，將入睡時間、起床時間、吃飯時間標註到時間軸上。因為標註了，才會引起孩子的關注，我們還可以在時間軸上畫上生動的圖案，或是將卡通形象製作成能移動的小零件，讓孩子在遊戲中理解時間、體驗時間。

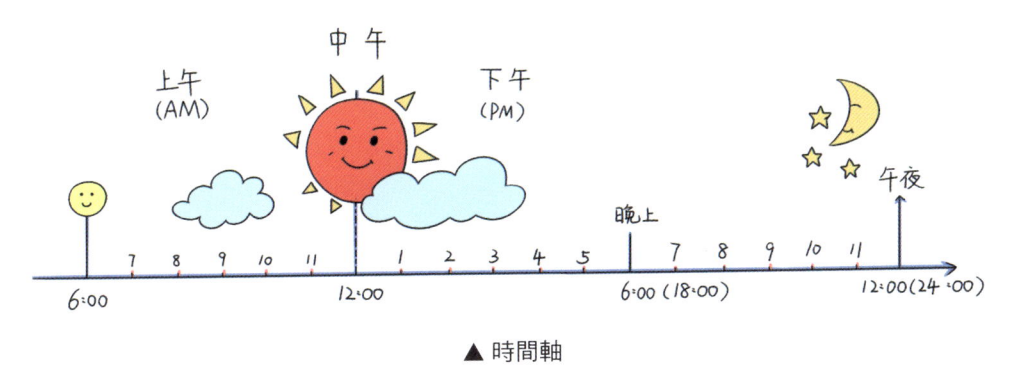

▲ 時間軸

我們可以根據時間軸來幫孩子樹立時間觀念，讓他懂得時間和他自身的關係。

我們將孩子一天中，每個時間段做的事情用方塊的形式和不同的色彩表達出來，在他的腦海中初步形成「一天時間的分配」的圖表。這樣不僅可以具象地展現時間，還可以在孩子心裡種下時間管理的種子。

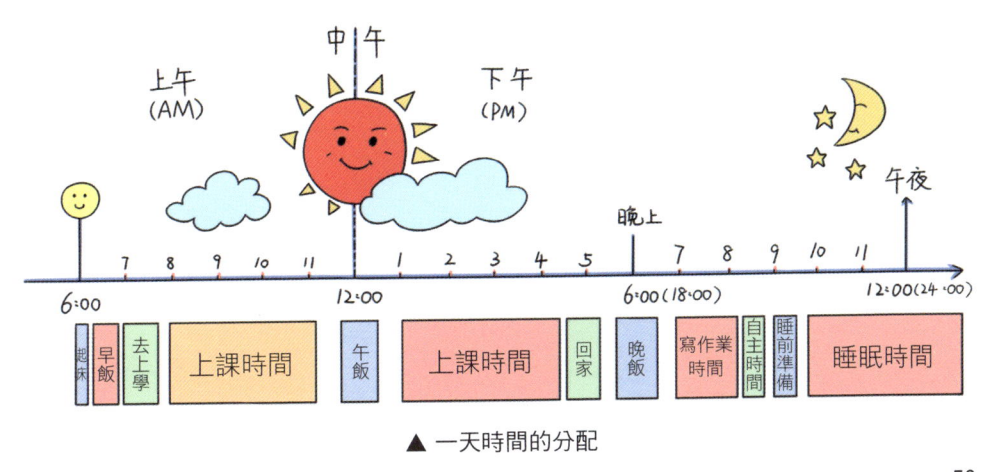

▲ 一天時間的分配

53

如何區分心理時間和自然時間

對於時間,家長總會遇到一個繞不過的難題,那就是孩子對時間的理解總是不能和家長同步。教孩子時間管理,說到底是要教孩子學會區分心理時間和自然時間。

什麼是心理時間?

心理時間是指一個人在做某件事情時自己主觀感受到的時間。

比如,當孩子看動畫的時候,我們會提前跟他說:「你只能看 20 分鐘,然後就關掉電視去學習。」孩子常常滿口答應,但是到了 20 分鐘的時候,卻依然在津津有味地看電視。這是因為在孩子的心中還沒有達到 20 分鐘的時間,他們會認為時間過得好快啊,20 分鐘怎麼這麼快就到了呢?

自然時間是指鐘表的時間,比如每天 24 小時,對每一個人都是公平的,它不會因為某個人地位特殊而給予更多的時間,也不會因為某個人貧窮而給予更少的時間。所以它是客觀存在的,不以人的意志為轉移。

在孩子的成長過程中,他們對心理時間和自然時間的感受不同,會帶來不同的行為結果。所以家長要培養孩子的時間觀念,教孩子學會時間管理。這就需要做到兩點,即培養對自然時間和心理時間的感覺。

心理時間變慢

例:就算是 1 分鐘,也覺得很長。

- 塞車在路上的時間,等待紅綠燈從紅變綠的時間。
- 快下課的時候,總會覺得時間漫長。
- 想去洗手間,但是裡面的人不出來,自己只能在外邊等候的時間。

心理時間變快

例：飛快的 1 分鐘。

- 快到約定日期，著急趕時間的時候。
- 周五晚上一家人看電影的時候。
- 和好朋友在家玩遊戲或聊天的時候。

如何解決

Step1 用興趣改變孩子的心理時間

當孩子做自己喜歡的事時，內心的阻力是最小的，他自然感覺時間過得飛快；相反，如果被迫去做厭煩的事，心理時間便會被人為拉長，做事過程就倍覺煎熬。因此，家長可以幫助孩子拓寬他的興趣領域，讓孩子了解到那些不喜歡的事其實也有有趣好玩的一面。

此外，心理預期也是影響心理時間的重要因素。比如，孩子越盼望著下課，感覺時間過得越慢。心理預期會干擾孩子的正常判斷，如果想讓孩子有合理的時間觀念，家長要注意降低孩子的心理預期，不要太急。

Step2 教孩子做好情緒管理

小學階段的孩子處於身心發育的關鍵時期，他們的情緒變化比較快。孩子面對不喜歡的事，會極力拒絕。家長運用說教、責備、打罵、恐嚇等手段，短時間內會有些許效果，但在無形中破壞了孩子的心理時間，增加了心理阻力，只會越催越慢、越慢越催，使孩子陷入負面情緒的惡性循環中。

遇到這種情況時，家長應採用正強化的方式，發現孩子的進步，並及時給予肯定，或是跟孩子聊聊天，轉移注意力。

比如，爸爸看到兒子放學回來後不太高興，沒有催孩子去寫作業，而是和他聊起了天。原本情緒低落的兒子聽到爸爸寬慰的話後，心裡會非常高興，就會把

自己的苦惱傾訴出來,當他得到爸爸的指點並解決了自己的煩惱後,心情自然就會變好。這時爸爸再要求兒子去完成今天的學習任務,兒子就會高興地遵照要求去做。

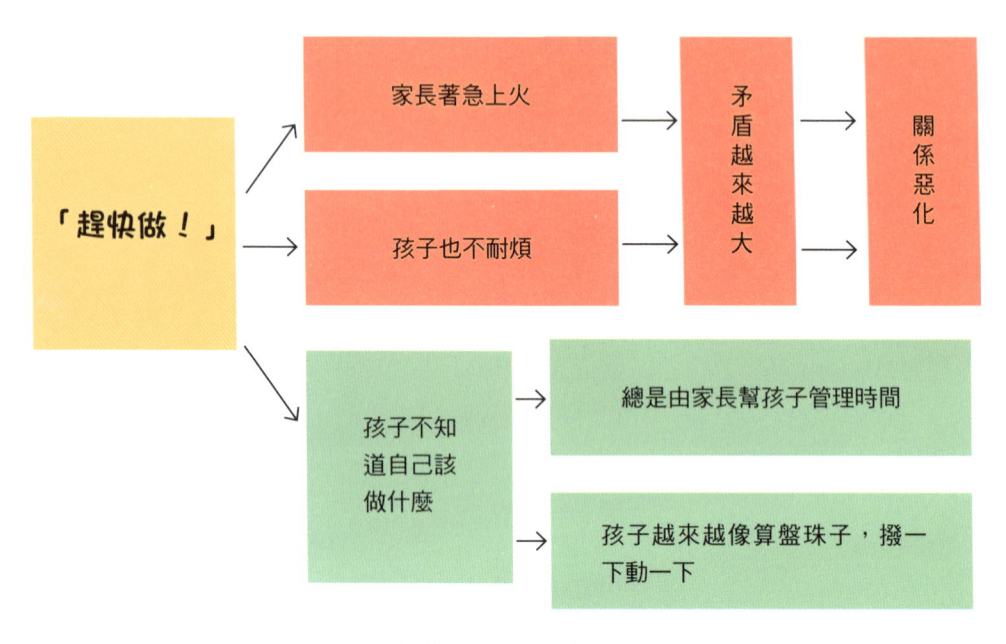

```
                    ┌─→  家長著急上火  ─→  ┐
                    │                      │  矛盾越來越大  ─→  關係惡化
┌──────────┐        │                      │
│「趕快做!」│ ─→    ├─→  孩子也不耐煩  ─→  ┘
└──────────┘        │
                    │                         ┌─→  總是由家長幫孩子管理時間
                    └─→  孩子不知道自己該做什麼
                                              └─→  孩子越來越像算盤珠子,撥一下動一下
```

▲「趕快做!」的惡性循環圖

Step3 記錄時間,加深對自然時間的覺察

在生活中,孩子由於年齡較小所以自控能力較差,而且做事會隨著自己的喜好而變化,很難對自然時間有準確的把握,因此常常浪費了很多時間。這時家長可以讓孩子在日常生活中記錄做每一件事情的時間,以此提高孩子對時間的認識。

家長們可以送給孩子漂亮的手帳本,讓孩子做時間記錄。通過記錄來發現問題,比如是否低估了作業的難度或者是高估了自己的速度,以便幫助孩子修正判斷——早點開始做,為難題多留一些時間。另外,還可以幫助家長監測孩子的單項效率,比如做一頁練習題通常需要多久,最快又是多久。這樣,孩子慢慢就能把握自己的速度了。

幫助孩子建立正確的時間觀

我們可以堅持這個方法，讓孩子自己記錄、自己分析，這樣便可逐漸養成高效的習慣。當然，我們要允許孩子的速度有快有慢，不要過度苛責。一定要記得，這樣的記錄不是監工的手段。

▲ 各種手帳本

Step4 培養孩子在遵守自然時間上的耐心和定力

家長在引導孩子了解心理時間和自然時間時，還要注意培養孩子的耐心和定力。小學階段的孩子往往缺乏耐心，比如，在完成作業的時候，無法遵守自然時間，中途總會感到不耐煩或者想去做其他事情。因此，家長應該採用多種辦法提高孩子做事情的耐心和定力。比如家長可以鼓勵孩子進行適度的長跑運動，或者做一些需要有較高定力的複雜的勞作，以此提高孩子的抗干擾能力。

經過一段時間有針對性的訓練後，孩子的耐心就會得到有效的提升，這時家長再引導孩子按時間計畫做事，就能取得比較理想的效果。

你和孩子的「時間」存在哪些距離

「時間」是很多家長口中的高頻率詞彙,「你快點起床,時間來不及了!」「你怎麼還有時間在這裡磨磨蹭蹭的,快去寫作業!」「你能不能快點把飯吃完?沒時間了」……這些催促的話,相信每一位家長都經常會對孩子說。

在成人的眼中,時間是多麼寶貴的東西,一分一秒溜走了永遠都不會回來,可在孩子的腦海裡時間到底是什麼?

下面,我們通過表格的形式,看看孩子是怎麼看待「時間」這個概念的。

時間在父母和孩子眼中的不同

父母眼中	時間	孩子眼中
起床洗漱,準備吃飯	7:30	睏,還沒睡醒
開始一天的學習	8:00	餓了,吃早餐
午餐時間	11:30	玩耍時間
午休時間	14:30	玩耍時間
晚餐時間	17:30	放學時間
寫作業時間	19:00-20:00	玩耍時間
洗漱,準備睡覺	20:30-21:00	電視、手機遊戲時間

如何解決

因此,當家長了解了自己和孩子在時間觀念方面的差異時,就要想辦法解決這個問題。

幫助孩子建立正確的時間觀

Part 3

Step1 鼓勵孩子重視並記住當下的事情

我們回憶兒童時期的事情時，往往也只能記起來一些重要的片段，其他很多事情已經想不起來了。孩子在成長中大多也是這種情況，而這也是孩子對時間不敏感的原因之一。

因此家長應該鼓勵孩子重視當下，重視每一天的生活和學習。如果條件允許的話，家長可以引導孩子寫日記。

TIPS!

以日記的方式記下當天的事和自己的感想，也可以用繪畫的方式把孩子認為一天中最有趣的事畫下來，並配上簡短的對話。家長還可以與孩子一起製作一日時間圖表，如下圖所示。

▲ 一日時間圖表

59

Step2 引導孩子在成長中感受時間的變化

家長對時間的認識是逐步加深的，對時間的管理也是在一步一步地完善著。孩子還處在對時間的探索期，因此在時間管理方面出現一些錯誤時，家長要用寬容的眼光去看待。

孩子每天都在成長，他們對身邊的事物會不斷產生新的認識和感受。如果家長用發展的眼光看待孩子在時間管理方面的進步，就會發現自己之前忽略了很多事情。

比如孩子在小學一年級的時候浪費時間的現象很嚴重；當他到了小學二年級時，已經有一定的自控能力了，明顯學會了在計畫好的時間內去做計畫中的事；當他到了三年級的時候，自控能力得到大大提升，更加懂得合理利用時間。所以家長應該根據孩子不同的年齡，進行相應的引導和幫助，而不能拿過高的要求去機械地規範孩子。如果那樣的話，反倒可能造成欲速則不達的後果。

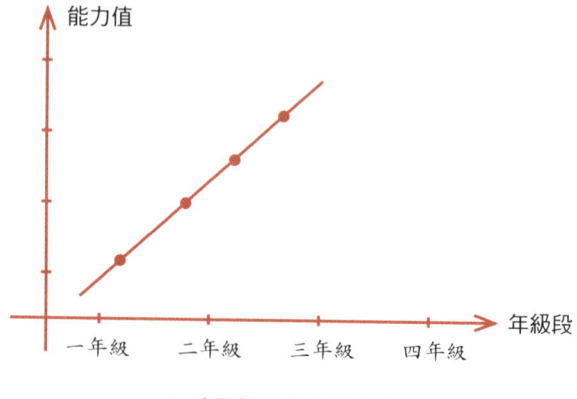

▲ 時間管理能力增長表

Step3 讓孩子看到家長對時間的真實態度

家長是孩子的第一任老師，家長在生活中的一言一行都會對孩子產生無形的影響。家長在時間管理方面的做法也會直接影響孩子對時間的看法。

日常生活中，家長不但要積極提高自己的時間利用效率，管好自己的時間和工作事務，還要讓孩子看到自己對待時間的態度，特別是當自己浪費時間，沒有利用好時間時所表現出來的痛惜和後悔之情。當孩子看到父母的言行一致，而且是真正地重視時間的時候，他的心裡也會對時間更加重視。所以說，家長的實際行為遠遠比一味嘮叨或者單純講道理的效果更好。

Part 4

超有效的時間管理工具

> 時間管理，聽起來簡單，做起來卻是難上加難，很多家長一開始總感覺無從下手。
>
> 其實，做好時間管理，有時候你只需要一份清單、一張表格、一疊貼紙。家長在教孩子時間管理時，要以身作則，不能只對孩子嚴格，而對自己放任。家長還要引導孩子體會管理時間的樂趣，不要一言不合就發火。這樣的態度，對孩子既是一種傷害，也是一種打擊。
>
> 用好以下三大時間管理工具，相信家長們肯定能順利引導孩子樹立正確的時間觀。

為什麼總是在睡覺前發現作業沒寫完

不少家長有這樣的經歷，每到上床休息的時候，孩子卻大呼小叫地說：

「我還有作業沒寫！」

「我還有東西沒整理！」

「我的書包還沒整理！」

家長看到這種情況經常會火冒三丈，訓斥孩子：

「這些事情早就該做了，你怎麼還沒做？現在都快睡覺了，你還有這麼多事沒做？真是急死人！」

「快把作業寫完，寫完再睡覺！」

家長的訓斥讓孩子嘗到了沒有完成任務的苦果，但結果是孩子第二天無精打采地去學校。過一段時間後，孩子又會出現這種問題，周而復始。

針對上述情形，家長往往是嚴厲批評之後再幫孩子盡力補救，或者讓孩子帶

著遺憾去上學。他們認為孩子得到了相應的懲罰，會改正壞習慣，但現實是孩子仍然經常犯同樣的錯誤。可見，這並不是一個很好的解決方法。

因此，家長應該從就事論事的處理方式中跳出來，用時間管理的思維幫孩子解決這類問題。

清單法是一種有效的時間管理方法。它在幫助孩子理清每天的事務，特別是早晨和晚上的任務時有很大的益處。它也是時間管理中最簡單、最有效的一種方法，被廣泛應用在工作、生活和學習中。

任務清單	慣例表	日程表
☐ 數學練習冊 ☐ 國語書寫 ☐ 英語預習	☐ 9:00　喝水 ☐ 10:00　打掃清潔 ☐ 11:00　做飯	周一 ☐ 9:00-10:00　閱讀 ☐ 11:00-12:00　放學回家 …… 周日 ☐ 8:00-9:00　打掃清潔 ☐ 15:00-16:00　整理書櫃

▲ 各式清單

簡單地說，清單法就是把每天或者未來幾天要做的事情全部寫出來，進行排列組合後一一去完成的一種事務處理方法。

眾所周知，我們不能把未來一天要做的所有事情都清晰地記在心中並一一付諸實施。大多數情況下，僅憑大腦記憶，每天都會漏掉一些事情，這就會給工作和生活帶來不必要的麻煩。

同理，小學階段的孩子處理事情的能力較弱，更不可能憑藉記憶把所有要做的事情都記下來，遺漏是在所難免的。家長如果聽之任之，就會發現孩子每天的

生活既忙碌又混亂。其實，我們用一支筆和一張紙就能解決這個問題，何樂而不為呢？

▲ 晨起清單

小撇步

早晚清單是為年紀比較小的孩子設計的，目的是規範作息，培養健康的生活習慣。孩子的時間觀念不強，可以將早晚清單設計成趣味打卡模式，不設定時間。強調孩子的完成度，建立初步的秩序感。

<u>設計原則</u> 生動的卡通圖標，配色醒目，核心是滿足孩子的視覺需求，激發興趣。

<u>使用方法</u> 建議貼在兒童房的醒目位置。列印後護貝，用可擦寫的馬克筆或貼紙打卡，可反覆使用，節能環保。

<u>使用心得</u> 除日常慣例，還可添加一些早安、晚安吻之類甜蜜的小任務，生活需要儀式感，育兒也一樣。

我們利用清單法就能讓孩子知道一天有多少事情等待他去做，比如每天在學習方面需要做哪些事情，在生活方面需要做哪些事情，然後根據這些事情進行相

應的時間安排，在很大程度上就能避免孩子出現上文中的情況。

對孩子來說，他們對自己第二天以及未來一段時間所要做的事情也有了較為清晰的認識，減輕了做事情的盲目性。同時，還有利於提高自身做事的責任感。

更重要的是，家長教孩子學會利用清單法處理日常事務的同時，也讓孩子學會了一種思維方式，這對他們以後處理其他事情大有裨益。

一日時間表				
時間	內容		時間	內容
7:00-7:10	起床		18:40-19:00	吃晚飯
7:10-7:30	洗漱、吃飯		19:10-19:40	練鋼琴
7:30-8:00	晨讀		19:50-20:30	運動
8:30-17:00	上學		20:40-20:50	吃水果
17:10-17:35	寫作業		20:50-21:20	洗澡
17:40-18:10	樓下活動		21:20-21:40	親子閱讀
18:10-18:40	玩玩具		21:50	睡覺

如何解決

具體來說，家長在教孩子用清單法處理日常事務時，有以下幾點可供參考。

Step1 親子共同制定清單

有的家長認為制定時間管理方案和日常事務清單是自己的責任，自己會做得更加完美，讓孩子做就會有各種遺漏，因此他們常常一手包攬，總是把制定好的計畫表交給孩子去執行。

但是這種方式不能激發孩子的積極性，也不利於孩子形成時間管理習慣。因此家長應該把制定清單的任務交給孩子，鼓勵孩子把能想到的事情都寫下來，然後家長再來查缺補漏。

TIPS!

在制定清單時，家長還可以引導孩子按照時間順序列出常做的事情，或者告訴孩子可以按照學習、生活、娛樂等分門別類寫下要做的事情，這樣就能在很大程度上避免遺漏。孩子每天在做事情前，先想一想都有哪些任務，列一個清單，按照清單順序一一去完成，長期堅持會提高他們對事務的處理能力。

Step2 鼓勵孩子制定主副任務清單

主副任務清單的意思是將清單分為兩份：主清單用來記錄未來幾天內要完成的事情，副清單記錄日常必做的事情。

在制定主任務清單時，家長可以引導孩子把未來一周或兩周的學習任務列出來，然後將之分解細化為每一天所要完成的內容。這樣有利於孩子清晰地掌握自己每天的學習任務，防止作業無法完成的情況出現。

超有效的時間管理工具

家長在幫助孩子制定副任務清單時,要提醒孩子把學習任務和生活任務分開制定。比如一張紙上可以分為兩欄,一欄是學習任務,另一欄是生活任務,這樣看起來會更加清晰明瞭。

主副任務清單

學習任務		生活任務	
背單字	☐	吃飯	☐
寫作業	☐	洗漱	☐
心算	☐	整理	☐
作文	☐	玩耍	☐
繪畫	☐	休息	☐

Step3 每天對清單進行總結和調整

我們都知道,無論多麼完美的計畫,如果僅僅是停留在紙面上,那是沒有意義的。為了避免出現這種情況,家長在和孩子共同制定完任務清單後,還要督促孩子按照清單去執行,每天都進行清單任務總結。

比如,家長可以和孩子在晚上休息前回顧當天的事情,讓孩子在做完的任務後面打勾,沒有完成的任務後面打叉,並且分析沒有完成的原因,還可以根據具體情況調整之後每天的任務和所用時間,這種方式對每天早晨和晚上的時間處理特別有幫助。

TIPS!

在睡覺前,家長可以讓孩子拿著清單對照自己是否整理好了用品,是否完成了作業等,然後再上床休息。早晨起床後,家長讓孩子按照任務表去洗漱、吃飯,檢查學習用品等,有了規範的流程後,孩子就不會因為丟三落四而著急了,家長也會因此省心很多。

專題：清單升級版

● 學習任務表

列清單的方法可以幫助孩子規劃各項任務，適用於幼兒園和小學低年級的孩子，目的是培養孩子的任務意識及自控能力。

孩子在學校，課堂時間和學習時間都是一樣的，放學後的時間才是他們拉開差距的重要分水嶺。所以，孩子的自我管理能力至關重要。

家庭學習任務表

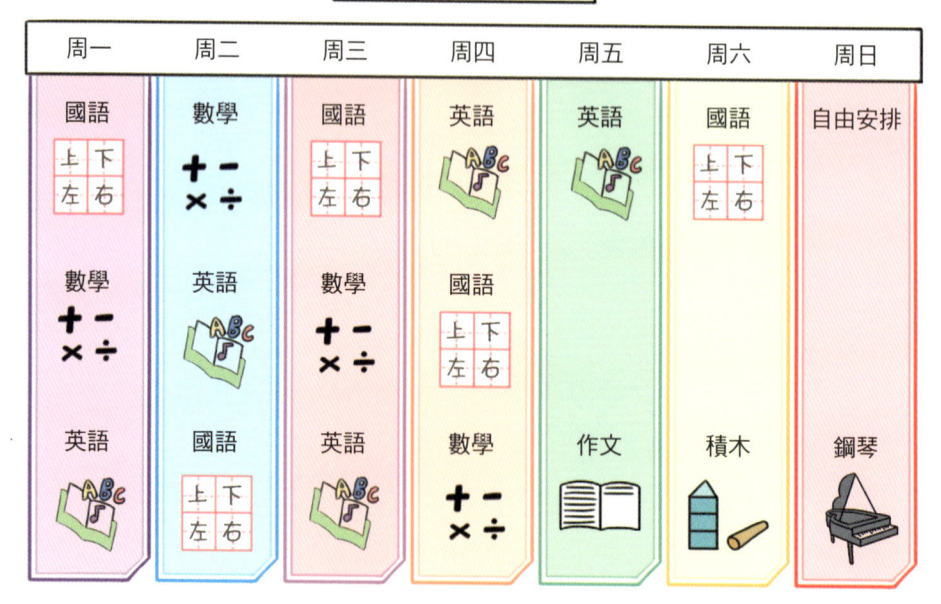

周一	周二	周三	周四	周五	周六	周日
國語	數學	國語	英語	英語	國語	自由安排
數學	英語	數學	國語			
英語	國語	英語	數學	作文	積木	鋼琴

設計原則：用獨特的圖解方式，規劃每天的學習任務。卡通圖片，配色絢麗，各科學習任務明確。

使用方法：列印後貼在學習桌前，抬頭可見。不規定執行時間，也不限制各項任務的完成順序，賦予孩子一定的自主權。

使用心得：當孩子能獨立完成任務表時，就初步具備了任務管理的能力，家長可以給予一個里程碑式的獎勵。

超有效的時間管理工具 Part 4

● **家庭作業表**

家庭作業記錄表是小學生必備的圖表。老師留的作業，孩子要能做到獨立記錄、獨立規劃、獨立完成，自己為自己負責。

時間 / 任務	周一	周二	周三	周四	周五	周六	周日
心算 ＋－×÷							
作文							
繪畫							
音樂							

媽媽大講堂	周一	周二	周三	周四	周五
1					
2					
3	ABC	ABC	ABC	ABC	ABC
4					

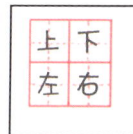

國語	數學	英語	 運動	 勞作	 桌遊

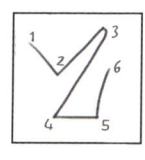

▌**設計原則**：小學生的讀寫能力更強，所以作業記錄表以文字為主，減少視覺化的元素，但依舊延續活潑的配色風格。

▌**使用方法**：每周列印一張，記錄完成後，按時間順序裝訂成冊。每月末和孩子一起檢討，評估完成度，給予獎勵。

如何改掉孩子拖拉磨蹭的習慣

有些家長在給孩子制定了日常任務表後，發現孩子的完成情況並不理想。曾經有家長這樣抱怨說：

> 我把孩子第二天要做的事情詳細地寫在紙上後貼在牆上，讓他第二天早晨看到並照著做。結果前兩天執行力還可以，後面就開始懶散了，做什麼事情都是拖拖拉拉的，催一催才動一動，真是個「慢吞吞」。

孩子之所以出現這種情況，主要原因就是他的時間觀念沒有樹立起來。孩子雖然知道自己每天要做哪些事情，但是他並不清楚需要花費多少時間，這也導致日常任務表流於形式。

因此，家長在和孩子制定每天的任務表時，要把每件事情的起止時間寫清楚，讓孩子能明確地知道做事情的時間要求，以此提升他對時間的敏感性和做事的效率。

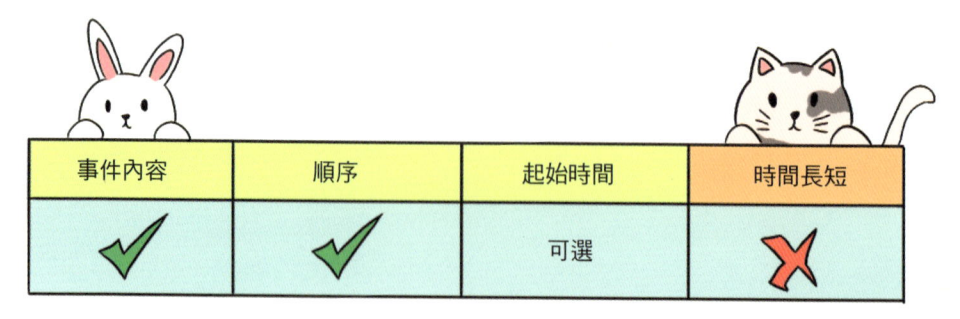

事件內容	順序	起始時間	時間長短
✓	✓	可選	✗

另外，家長要明白制定任務表並不是簡單地按照每天的時間順序把事情列好，而是要根據孩子的學習和生活規律以及學習能力，對他每天所要做的事情進行充分評估後規劃出科學合理的時間。

比如，家長可以在孩子精力旺盛的時候安排他學習，在疲憊的時候安排他休息或者休閒娛樂。

在安排孩子學習時，如果孩子的記憶力很好，家長可以將背誦任務安排較少的時間。如果孩子的數理邏輯能力較強，家長就可以將數學作業的時間留少一

些，其他科目留多一些。如果孩子學習國語的能力很強，家長可以和孩子約定用盡可能少的時間去完成國語作業等。

時間點	項目	時長
7:00	起床、穿衣	15 分鐘
7:30-17:00	上學	
17:30-18:00	放學、晚餐	
18:30-20:00	國語	20 分鐘
	數學	30 分鐘
	英語	15 分鐘
注意：根據孩子自身能力來確定作業時長		

為了培養孩子對時間管理的興趣，調動他的主動性，家長可以讓他多參與每天任務時間表的制定工作，鼓勵孩子對自己做事情的時間進行評估。

在制定時間表的初期階段，孩子在評估時間時會出現各種問題，這是正常現象。家長可以給孩子指出問題所在，幫孩子分析為什麼會出現這種問題，以及如何尋找解決方法。

在親子互動中，孩子快樂地完成時間表制定的任務給他帶來的感受，遠比家長不斷制定出任務表交給孩子去執行有趣得多，孩子也更容易接受。

小學階段的孩子對身邊事物的認識大都處在感性階段，他們往往以自己的興趣為基礎來判斷對事情的接受程度。家長可以根據孩子的這個特點繪製好玩有趣的小圖案，來豐富時間表，以此激發孩子的內驅力。

講故事	動畫	學習	睡覺

活動筋骨	奇思妙想	拍球遊戲	建構遊戲
畫畫	做勞作	洗內衣	吹泡泡

▲ 趣味小圖案

另外，在任務時間表的執行中，家長還要經常提醒孩子對時間表進行調整，對不合理的部分進行修改，根據實際情況加入新的內容。

如何解決

具體來說，如何利用每日的任務時間表改變孩子拖拉磨蹭的毛病，具體有以下方法供家長們參考。

Step1 制定科學的每日時間表

家長在與孩子一起制定時間表時，要注意孩子的承受能力，時間表不能排列得太滿，不能讓孩子從早晨一直忙碌到晚上。在進行任務安排時，內容不只要有集中精力學習的時候，也要有放鬆休息的時間，一張一弛才能提升學習效率。

超有效的時間管理工具

▲ 每日時間表

Step2 用孩子喜歡的方式來裝飾時間任務表

每個孩子都喜歡有趣、好玩的東西，如果家長將每天的時間任務表做成可愛的卡通形式或者孩子喜歡的風格，就容易激發孩子的興趣。

任務表中的內容也可以用多種方式靈活展現。比如早晨、中午、下午和晚上，不同的時間段用不同的顏色來表示；學習、娛樂、特長等不同的內容可以用不同的字體或者卡通形象表示。孩子每完成一項任務就可以在任務的後面貼一張貼紙，來進行激勵。

家長用這樣的方式可以大幅度提升孩子積極參與的熱情，也能在很大程度上減少孩子磨蹭拖沓的情況。

起床	換衣服	洗漱	吃早餐	計畫總結
吃午餐	午睡	洗澡	吃晚餐	
洗漱	換睡衣	睡前閱讀	睡覺	
英語複習	數學練習	英語磨耳朵		

▲ 活動圖示

Step3 要嚴格執行制定出的任務時間表

在生活中，無論家長和孩子制定出多麼完美的任務時間表，無論用多麼有趣的方式吸引孩子積極參與，還是會出現倦怠或者偷懶的情況。

這時，家長就要扮演監督者的角色，要求孩子嚴格執行，時間表一定要在規定的時間內完成。如果孩子沒有完成任務，就要受到一定的懲罰。比如減少玩遊戲、看電視的時間，或者減少零用錢等。以此提醒孩子完成自己的任務是他不可推卸的責任，也是他成長過程中必須要經歷的階段。

1. 如果孩子沒有按計畫執行，怎麼辦？

時間表對於孩子來說極具挑戰性，孩子沒有完全按計畫執行的情況極有可能發生。所以，在執行過程中，家長務必要監督、監督、再監督。如果執行的效果一直不理想，或許需要暫停項目，根據實際情況分析是否調整或降低計畫的執行難度。

2. 我們家用過類似的表，完全沒用，怎麼辦？

（1）時間表不是讓你直接扔給孩子一個做好的表格，讓他去參照執行，而是請孩子也參與到制定過程中來。

一張你做好的時間表，反應的是你希望孩子做到的；一張孩子參與制定的時間表，體現的是他有興趣做到的——這是本質的差異。沒有人喜歡接受一個強加給他的工具，即便表面接受，也缺乏發自內心的動力。

（2）只是執行，沒有其他。

有了時間表，孩子就會乖乖地執行，認真地完成，可能嗎？答案是，恐怕不太可能。

使用工具的好處，就是在孩子「做不到」的時候，讓工具說話。要提醒孩子：「看看你的時間表，接下來該做什麼了？」而不是直接指責，與孩子陷入權力之爭。

自驅力 懂時間管理的孩子更自律

| 專　題 | 花式趣味時間表 |

● 時間保衛戰

　　孩子慢慢長大，有了時間概念，就可以引入劃分時間段的趣味時間表了，幫孩子梳理一天的時間，打好時間保衛戰。

作業內容		
時間	內容	
7:00-7:20	起床	
7:20-8:00	晨讀	時間可拉長
8:15-17:00	上學	檢查書包
17:30-18:00	戶外活動	
18:30-19:00	晚餐	
19:00-19:40	練琴	熟悉新曲目
19:40-19:50	吃水果	
20:10-20:40	寫作業	家庭作業 學校作業
20:45-21:00	洗澡	
21:00-21:10	學英語	分級閱讀
21:10-21:30	睡覺	

超有效的時間管理工具

這款時間表特意做成活動卡片模式,有兩大特點:第一,把一天 24 小時分成多個時段;第二,每個任務做成一張活動卡片,可自由搭配組合。

▎設計原則:時間醒目,排版簡潔,文字比重變大。感興趣的家長還可以製作豐富多樣的任務卡片,加入可愛的時鐘圖標。

▎使用方法:硬卡紙列印,把活動卡片剪裁備用。借鑑幼兒園背景牆的想法,用藍丁膠黏貼、軟木板釘、卡片插袋等方式布置。

▎使用心得:家長提供活動卡片,鼓勵孩子以拼圖遊戲的方式參與時間表的設計,培養孩子初步的自主意識。

● 我的一天

上天是公平的,給每人每天 24 個小時。通過有效的時間管理,時間才不會白白溜走,孩子也會收穫更多,成長更快。

日程表強調時間、任務以及兩者之間的關聯。與劃分時間段的趣味表的原理大同小異,但包含的項目數量明顯增多,任務更細化。

我的一天

時間	內容		時間	內容	
7:00-7:10	起床		18:40-19:00	吃晚飯	
7:10-7:30	洗漱、吃飯		19:10-19:40	彈鋼琴	
7:30-8:00	晨讀		19:50-20:30	運動	
8:30-17:00	上學		20:40-20:50	吃水果	
17:10-17:35	寫作業		20:50-21:20	洗澡	

77

自驅力 懂時間管理的孩子更自律

續表

時間	內容	時間	內容
17:40-18:10	戶外活動	21:20-21:40	親子閱讀
18:10-18:40	玩玩具	21:50	睡覺

一天的計畫

時間	計畫	進度	
		✗	✓
		✗	✓
		✗	✓
		✗	✓
		✗	✓

計畫選取內容

起床	睡覺	看電視	游泳
餵寵物	早餐	洗漱	做家務
午餐	晚餐	散步	洗衣服
看書	學習	玩積木	運動

超有效的時間管理工具

▋設計原則：設計已接近成人的時間管理工具，排版簡潔。仍加入視覺化元素，通過巧妙的配色，突出重點，幫孩子理解運用。

▋使用方法：日程表比較固定，建議用相應配色的相框裝裱起來，掛在牆上，也是兒童房一道獨特的風景。

▋使用心得：為了孩子的身心健康，合理的日程安排，一定要做到三個保證：

1. 保證睡眠充足，培養良好的作息習慣；
2. 保證張弛有度，避免長期近距離用眼；
3. 保證勞逸結合，室內和戶外活動穿插。

● 有條不紊周計畫

孩子的課餘生活豐富，各種才藝班、補習班排得滿滿，需要一張有條不紊的周計畫表來統一規劃，才不至於兵荒馬亂。

一日時間表是針對細節，強調具體的任務，而周計畫則是針對大局，突出每天重點要做的事，目標清晰，孩子更容易記得住、做得到。

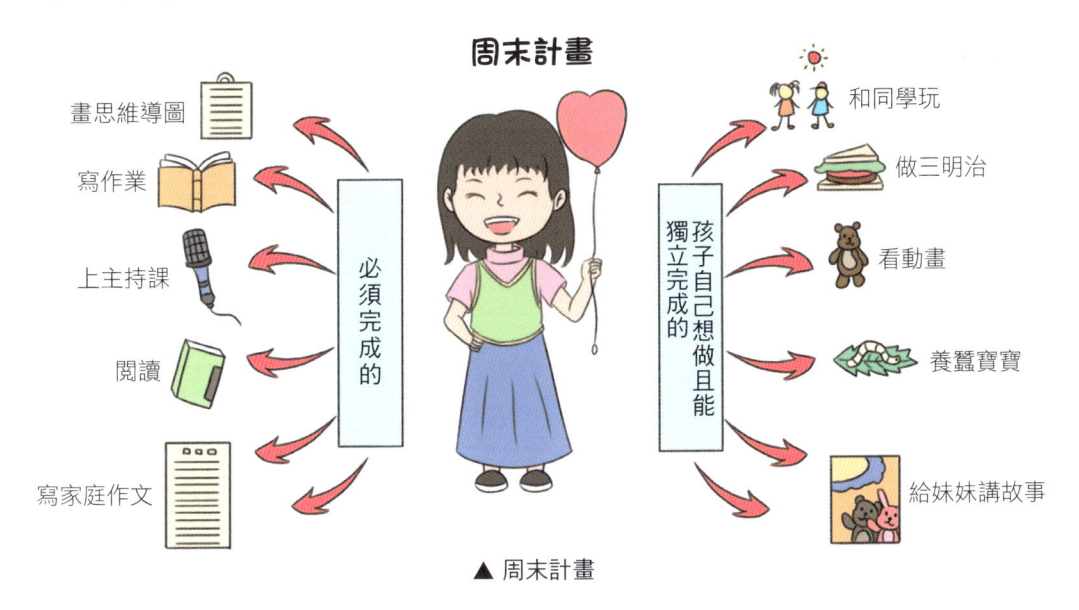

周末計畫

必須完成的：
- 畫思維導圖
- 寫作業
- 上主持課
- 閱讀
- 寫家庭作文

孩子自己想做且能獨立完成的：
- 和同學玩
- 做三明治
- 看動畫
- 養蠶寶寶
- 給妹妹講故事

▲ 周末計畫

▋設計原則：周計畫要簡明扼要，主次分明。強調每周的重點任務，比如游泳課、鋼琴課等，用彩色提亮。也要包括每天的固定任務，比如讀書、練琴等。

使用心得：

1.不同類的活動用不同顏色區分，比如閱讀和戶外活動，一眼就能看出哪些活動時間投入比較多，哪些活動時間投入不夠。

2.定期檢討，根據每周的執行情況和孩子的反饋，及時調整。

● **孩子的暑期計畫**

暑期計畫表面看是為了防止孩子在假期過度玩耍，其實更重要的是為了通過假期的自我管理來鍛鍊孩子的自我管控力，學會設立目標、任務拆分、時間管理等各項能力。

首先讓孩子將計畫表分為生活慣例、學習慣例和自由時間。這樣孩子可以按照約定去遵守並執行，因此在這張日程表中還分一列為完成情況進行評價，評價分別是未完成──「×」、完成──「√」、完成得非常棒──「★」這三種。除了常規項目有明確規定以外，學習慣例和自由時間都由孩子自己來決定。

暑期計畫表

時間	事件項目	時長	完成情況 （未完成畫 X、完成畫 √、完成得非常棒畫 ★）
9:00 前	起床	20 分鐘	
	換衣服	10 分鐘	
	洗漱	5 分鐘	
	吃早餐	20 分鐘	
10:00-11:30	自由安排時間	90 分鐘	

超有效的時間管理工具　Part 4

續表

時間	事件項目	時長	完成情況 （未完成畫 X、完成畫 √、 完成得非常棒畫 ★）
11:30-12:00	吃午餐	30 分鐘	
12:00-13:00	自由安排時間	60 分鐘	
13:00-15:00	午睡	120 分鐘	
15:00-18:00	自由安排時間	180 分鐘	
18:00-18:30	吃晚餐	30 分鐘	
18:30-20:00	自由活動時間	90 分鐘	
20:00 後	洗澡	20 分鐘	
	洗漱	5 分鐘	
	換睡衣	5 分鐘	
	閱讀	15-30 分鐘	
21:00	睡覺		

▌**設計原則**：用圖文結合的形式規劃每日行程，盡可能主題豐富，包括室內和戶外項目，知識性和娛樂性搭配。

▌**使用方法**：用活頁文件夾裝訂，可作為孩子珍貴的成長紀錄。

▌**使用心得**：鼓勵孩子列出自己的暑期願望清單，家長評估可行性後，分類組合搭配，列入計畫表。

81

附表一

快樂暑假			
內容		內容	
起床		午餐	
洗漱		午睡	
換衣服		戶外玩耍	
吃早餐		晚餐	
寫作業		上床睡覺	

附表二

寒假活動清單			
內容		內容	
☐	讀完 5 本書	☐	自己疊被子
☐	學會滑雪	☐	邀請朋友來家裡吃飯
☐	學會滑冰	☐	和朋友聚會
☐	自己做早餐	☐	去朋友家玩
☐	幫媽媽做家務	☐	去泡溫泉
☐	去有雪的地方	☐	去博物館
☐	去山裡玩	☐	看一場電影
☐	提前一周完成寒假作業	☐	

超有效的時間管理工具 | Part 4

續表

	內容		內容
☐	給自己的房間大掃除	☐	
☐	看一場話劇	☐	

● **閱讀習慣培養**

養成一個習慣並不容易，通過打卡，孩子可以在小小的成就感中收穫喜悅，以此獲得鞏固習慣的動力。閱讀是讓孩子受益終身的好習慣，以下是一種用來督促孩子閱讀的常用圖表。

學齡前的孩子，還不太認字，更適用打卡式的閱讀紀錄。每月設計一張下圖形式的打卡表。每次閱讀後給卡通小圖案塗上顏色，月末完成目標，就可以兌換一個玩具，或者實現一個出遊願望。

上小學後，推薦手寫式的閱讀記錄表，孩子閱讀後，自己記錄日期、書名、作者及評分。每月回顧，成績滿滿，家長也可以根據評分幫孩子選書。

閱讀記錄表

姓名＿＿＿　班級＿＿＿

閱讀時間		書名		閱讀＿＿＿分鐘
學到的新詞語				

我最喜歡的一句話：

家長評價 ★★★★★　家長簽字

▲ 手寫式閱讀記錄表

自驅力 懂時間管理的孩子更自律

除上面兩種形式外，小學中高年級的孩子，還可使用周打卡和月打卡。這類打卡表，除了記錄書名和閱讀進度外，孩子還要統計出每周、每月用於閱讀的時間。

Jul 7月

星期日	星期一	星期二	星期三	星期四	星期五	星期六
					1《小米的四時奇遇》P30 ☑	2《米小圈上學記》P51 ☑
3《趣味漢字》P60 ☑	4 ☐	5 ☐	6 ☐	7 ☐	8 ☐	9 ☐
10 ☐	11 ☐	12 ☐	13 ☐	14 ☐	15 ☐	16 ☐
17 ☐	18 ☐	19 ☐	20 ☐	21 ☐	22 ☐	23 ☐
24 ☐	25 ☐	26 ☐	27 ☐	28 ☐	29 ☐	30 ☐
31 ☐						

▲ 閱讀記錄表

▌**設計原則**：低幼階段，閱讀記錄需要視覺化的圖片輔助，提高執行力。小學階段，則更加格式化，針對性強。

▌**使用心得**：堅持閱讀不容易，建議以月為單位設置閱讀目標，和孩子的願望清單配合進行獎勵，讀書通關，才能樂此不疲。

● **參與家務勞動**

承擔和自己年齡匹配的家務，是孩子的成長需要。家務清單包括兩類：一是個人事務，如鋪床疊被、玩具整理等；二是共同家務，如掃地擦桌、碗筷擺放、澆花等。

超有效的時間管理工具 Part 4

家務勞動獎勵表

類目	一	二	三	四	五	六	日	獎勵	備註
整理床鋪	○	○	○	○	○	○	○	🌼🌼🌼 +3	
整理玩具	○	○	○	○	○	○	○	🌼🌼 +2	
擦桌子	○	○	○	○	○	○	○	🌼🌼🌼 +3	
掃地	○	○	○	○	○	○	○	🌼🌼🌼 +3	
洗衣服	○	○	○	○	○	○	○	🌼🌼 +2	
洗襪子	○	○	○	○	○	○	○	🌼🌼🌼 +3	

家務勞動分配表

類目		哥哥的工作		妹妹的工作	
星期一	晚餐後	洗碗、扔拉圾		扔拉圾	
星期二	晚餐後	澆花、扔拉圾		扔拉圾	
星期三	晚餐後	洗碗、扔拉圾		扔拉圾	
星期四	晚餐後	澆花、扔拉圾		扔拉圾	
星期五	晚餐後	扔拉圾		扔拉圾	
星期六	起床後	整理書架		收拾玩具	

▌**設計原則**：採用積分累計的形式，根據家務的難易程度設定獎勵積分。孩子完成一次家務，即可獲得相應的積分，累計一定數量就可以兌換獎勵。

▌**使用心得**：清單裡的家務設定，要考慮與孩子的年齡和能力匹配。

自驅力 懂時間管理的孩子更自律

這樣做，讓孩子做事更有條理

生活中，家長常常發現這樣一種現象：孩子雖然制定了時間計畫表，但還是把事情做得一團糟，常常完不成任務。每當這時，家長就有些生氣，但又不忍心責罵孩子，畢竟孩子在努力完成任務而不是有意偷懶。

因此，家長會告訴孩子某件事情應該如何做，有哪些注意事項等。孩子也會認真聽父母的教導，盡量按照父母的指點去做，可是效果仍然不理想，這是什麼原因呢？

出現這種情況，主要是因為孩子按照計畫行事時抓不住事情的重點，沒有合理安排時間。

這主要有兩方面的原因：

一是孩子丟三落四，導致無法如期完成任務；

二是孩子在做事情時沒有章法，他們不知道應該先做什麼，後做什麼，遇到問題應該如何處理，導致耗費了大量的時間卻沒有得到想要的結果。

比如，孩子學習時不知道如何安排不同的科目，就毫無計畫地，隨便抓到一門作業就寫，遇到問題就一味鑽牛角尖，卻不知尋找有效的解決方案。

再如，孩子整理自己的房間時，大腦裡沒有清理房間的思路，而是看到什麼就整理什麼，結果花費的時間不少，屋子依舊亂糟糟的。原本熱情滿滿的孩子費時費力整理屋子之後卻沒有得到想要的結果，自然倍受打擊。

這時，家長就會鼓勵孩子並告訴他整理家務的有效方法。但是，孩子還處在小學階段，他們的學習能力和理解能力還處在提升中，常常不能完全記住家長的建議或教導。如果家長在孩子每一次整理家務時站在旁邊喋喋不休地指導，反而

超有效的時間管理工具

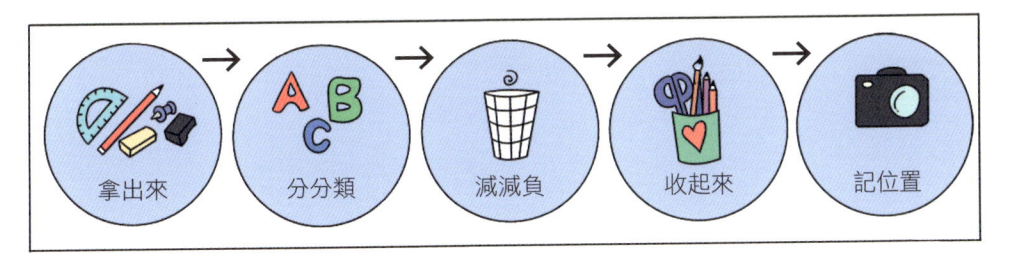

▲ 整理流程示意圖

容易引起孩子的反感。這時，家長可以將整理順序畫出來，讓孩子參照著去做。

除此之外，便利貼法也是一種簡單易行、效果顯著又容易被孩子所接受的任務管理好幫手。

如今，便利貼的種類繁多，形狀色彩各異，能滿足人們在不同場景下的使用需求。對孩子們來說，色彩鮮豔、造型不同的便利貼比單調的時間表格有趣多了。因此，家長們可以鼓勵孩子在日常學習和生活中使用自己喜歡的便利貼。

▲ 各式各樣的便利貼

如何解決

Step1 便利貼是孩子對日常事情進行分類的好幫手

孩子看似平常的一天，實際卻涉及生活、學習、娛樂等各種事情。這些事情有的必不可少，有的並不重要；有的比較緊急，有的則可以緩一緩。

家長要想讓孩子做好事情確實不容易，這時便利貼就能幫上大忙。比如家長可以鼓勵孩子多買幾種卡通造型的便利貼，每一種造型針對某一類事情，再用不同顏色的便利貼代表事情的不同緊急程度。然後把事情寫在便利貼上，貼在孩子

的書桌前、牆壁上、書本中，從而起到提示的作用。在孩子看來，這種提示形式既活潑有趣又簡單明瞭，也更容易被他們所接受。

Step2 有利於提高孩子管理事物的興趣和能力

家長在給孩子購買便利貼的時候，不妨再買一些不同顏色的螢光筆，鼓勵孩子使用這些小工具。這些工具雖然不起眼，但是對於偏愛色彩和圖畫的孩子來說，卻是一份很好的禮物。

比如他們用不同顏色的螢光筆在便利貼上寫字時，能感受到畫畫帶來的樂趣。他們也更容易記住寫在便利貼上的內容。

家長還可以給孩子買些簡單的手帳本，用便利貼、水彩筆、螢光筆在手帳本上記下時間管理日常的要點以及各種需要做的事情，讓孩子在寫寫畫畫中進一步提升時間管理能力。

Step3 有利於提高孩子做事的邏輯性和條理性

便利貼的優勢在於它的用途廣泛，使用方式靈活。家長可以鼓勵孩子盡可能多地使用便利貼，拓展它的使用範圍。

比如，當孩子做事情沒有頭緒的時候，家長可以讓孩子把做事情的順序和要點記錄在便利貼上，再貼到顯眼的地方。當他再一次做同類事情時，就可以看看便利貼上的紀錄，這樣的效果比家長經常嘮叨更好。家長還可以把自己的期望和鼓勵的話寫在便利貼上，貼在孩子容易看到的地方，用這種方式鼓勵孩子可以讓效果更持久。

Step4 有利於提高孩子的學習效率

孩子也可以利用便利貼提高自己的學習效率。比如，孩子用便利貼把課本中的難點、要點簡要地記下來，貼在牆上便於理解和鞏固。孩子也可以用便利貼提示當天的學習任務，還可以把需要記憶背誦的內容寫在便利貼上，貼在家裡顯眼的地方，便於孩子隨時看到、隨時記憶。

如何使用便利貼？

父母可以讓孩子先把所有的事都列出來，再考慮做事的先後順序，這種方法有助於提高孩子的效率。

需要準備的東西

兩種不同顏色的便利貼、記號筆。

做法

列清單

父母可以讓孩子分別用不同顏色的便利貼，寫出「想要做的事」和「該做的事」，在每一張便利貼上寫上一個項目。

按照優先順位排序

等孩子把所有事列出來之後，按照順序貼在牆上。

做完一件事，把相應的便利貼從牆上揭下來。

要點

便利貼要貼在大家都能看到的地方。

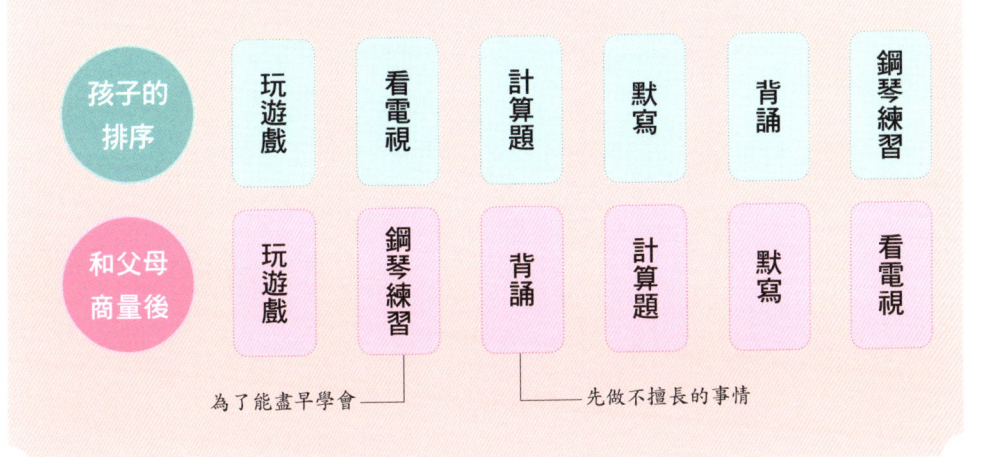

孩子的排序	玩遊戲	看電視	計算題	默寫	背誦	鋼琴練習
和父母商量後	玩遊戲	鋼琴練習	背誦	計算題	默寫	看電視

為了能盡早學會 ── 鋼琴練習

先做不擅長的事情 ── 背誦

總結

培養學習習慣需要時間,家長不僅要給孩子及時反饋,還要幫助孩子找到屬於他的「時間工具」,讓孩子能更好地持續行動,學會管理時間。

💡 **家長和孩子共同的任務**:歸納總結時間管理工具,說說哪個最實用、最便捷

_____

_____

_____

_____

💡 **家長的任務 1**:觀察孩子的表現

_____

_____

_____

_____

💡 **家長的任務 2**:發現孩子的優點並記錄

_____

_____

_____

_____

Part 5

成為時間管理高手

> 很多家長會對孩子的時間管理產生困擾:辦法也教了,也進行合理的引導了,為什麼孩子還是沒有時間觀念,不能把自己的時間計畫好呢?
>
> 想要讓孩子成為時間管理的高手,家長要和孩子一起積極行動起來,才能讓孩子了解時間的珍貴性,珍惜每一分每一秒。
>
> 我們不妨給孩子30天時間,在這30天裡,引導孩子列出時間清單,繼而學會管理和規劃自己的時間。

如何教孩子打破原有「生物鐘」

孩子上小學前的生活比較自由,有的孩子習慣晚睡晚起,還有的孩子習慣午睡。久而久之,孩子的生活習慣形成定式。上小學後,忽然間進入時間管理比較嚴格的狀態,這讓很多孩子無法適應,家長們也費了很多心思幫孩子改變原有的生活習慣,帶來的卻是一場長期的親子博弈。

幼兒時間表 VS 小學時間表

時間段	內容	時間段	內容
7:00	起床、洗漱、吃早飯	6:40-7:20	起床、洗漱、吃早飯
8:00-8:30	閱讀	7:20	上學
8:30-11:00	玩	12:00-12:20	吃午飯
11:30-12:00	吃午飯	12:30	午休
12:30-14:30	午休	16:00-17:00	放學後自由活動
14:30-15:00	閱讀	17:00-18:00	寫作業和預習功課
15:30-18:00	看電視、吃點心	18:00-19:30	吃晚飯和看電視
18:00-19:00	吃晚飯	19:30-20:30	看課外書
19:00-19:30	看新聞	20:30-21:00	洗漱

續表

時間段	內容	時間段	內容
19:30-20:30	玩	21:00-22:00	玩遊戲
21:00	睡覺	22:00	睡覺

每個人都有生物鐘,也被稱為生理鐘。它是生物體生命活動的內在規律和節奏,是由生物體的生活習慣和內在時間結構構成的。

通俗地講,就是當你形成某個習慣後,它就會自然而然地把這種習慣表現出來。比如,當孩子習慣了早起讀書後,當有些背誦和閱讀的作業安排到了傍晚時,孩子原有的生活習慣和學習習慣就有可能發生衝突,導致孩子不能順利地完成作業。

孩子在生活中已經逐漸形成了生物鐘,早上精力更旺盛,突然改到晚上,很有可能頭昏腦脹,什麼也背不下來。

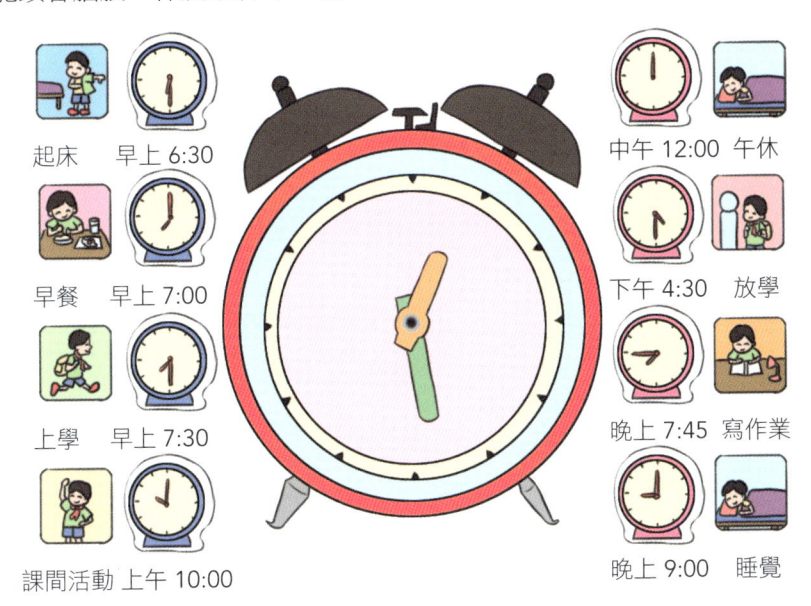

起床　早上 6:30

早餐　早上 7:00

上學　早上 7:30

課間活動　上午 10:00

中午 12:00　午休

下午 4:30　放學

晚上 7:45　寫作業

晚上 9:00　睡覺

▲ 生物鐘的養成

可見,在孩子上小學前或者入學後的一段時間內,我們家長要打破孩子之前不科學的生物鐘,幫他們樹立起良好的生活習慣,只有這樣,孩子在學習和生活上才能跟得上大家的步伐和節奏。

家長首先要做的是了解人體生物鐘在一天之內的變化，然後根據這種規律安排孩子的生活作息。

一天生物鐘

上午 8:00-11:00：思維最活躍期，聽課效率最高。

上午 12:00-下午 2:00：容易想睡，可以小睡一會兒，確保有充沛的精力學習。

下午 6:00-7:00：適合戶外運動，能提高身體素質，消除疲勞。

晚上 10:00 以後：不宜進行劇烈活動，洗澡或者泡腳後早早上床休息。

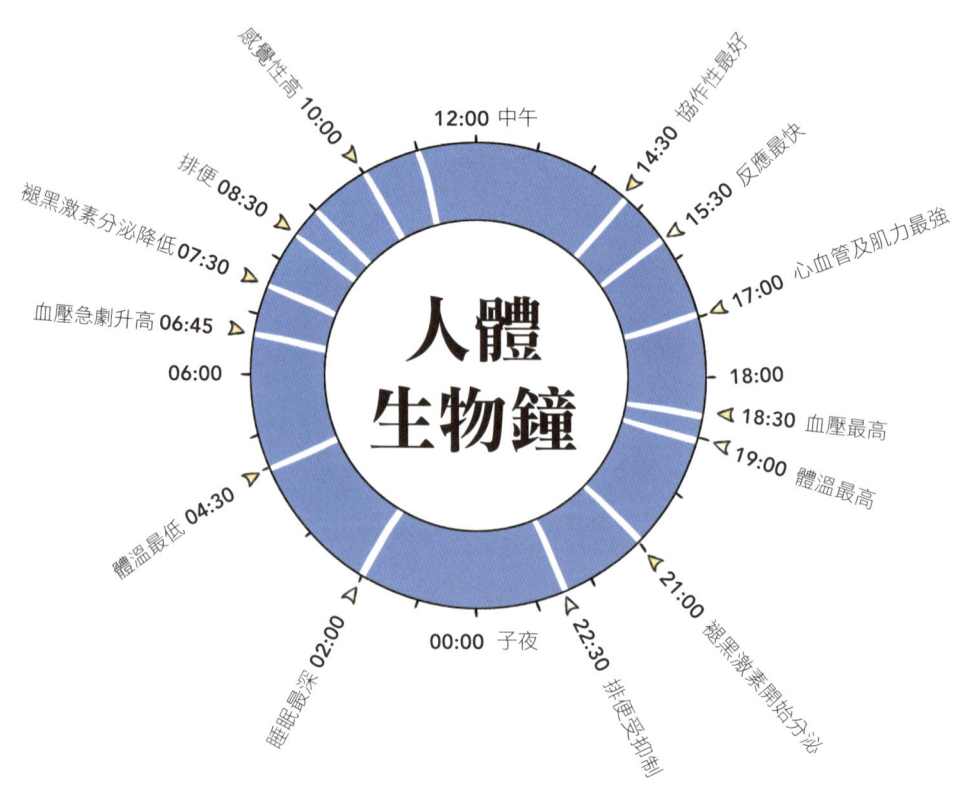

人體生物鐘

- 感覺性高 10:00
- 排便 08:30
- 褪黑激素分泌降低 07:30
- 血壓急劇升高 06:45
- 06:00
- 體溫最低 04:30
- 睡眠最深 02:00
- 00:00 子夜
- 12:00 中午
- 協作性最好 14:30
- 反應最快 15:30
- 心血管及肌力最強 17:00
- 18:00
- 血壓最高 18:30
- 體溫最高 19:00
- 褪黑激素開始分泌 21:00
- 排便受抑制 22:30

▲ 人體生物鐘

如何解決

Step1 家長和孩子一起改變生活習慣

家長是孩子的第一任老師,家長的一言一行潛移默化地影響著孩子。如果家長僅僅是對孩子提出各種要求,然後監督孩子去執行,最後的效果往往不理想。如果家長能率先改變自己的生活習慣,嚴格按照時間表做事,然後再邀請孩子和自己一起進行改變,孩子看到家長的態度和決心後,也會積極主動地配合。

Step2 在習慣的養成中,不允許孩子找藉口

我們知道,在改變自己習慣的過程中,如果稍有懈怠,就會給自己的懶惰找藉口,就會將前面的努力付之東流。這種惰性在孩子身上也很常見,因此家長在幫助孩子養成良好的生活習慣時,要做一個嚴格的監督者,不能允許孩子為自己的偷懶找藉口,杜絕任何影響好習慣養成的因素出現。需要注意的是,周末、節假日期間,也應該要求孩子早睡早起,遵守生活作息規律,這樣才能養成良好的習慣。

Step3 根據年齡和季節變化對生活習慣做出調整

當孩子養成良好的生活習慣後,家長要鼓勵他們堅持下去。但是,在具體執行中,家長可以根據他們的年齡和季節變化對生活作息做出適當的調整。

比如,在炎熱的夏季,可以增加午休時間,還可以讓孩子把運動鍛鍊的時間改到下午或晚上。到了寒冷的冬季,家長可以讓孩子縮短午休的時間。如果孩子中午不睏的話,也可以取消午休時間。

如何教孩子記錄 30 天的時間清單

有些孩子對時間管理沒有頭緒，往往忙碌了一天卻不見成效。每當家長問孩子：「你今天都做了哪些事情？」或者：「孩子，這幾天你都完成了什麼任務呢？」孩子總是說不上來，還感覺自己很忙，做了很多事情。這時家長往往比較生氣，認為孩子在故意拖延、浪費時間，會嚴厲批評孩子甚至進行懲罰。

有的家長認為只有用這種嚴厲的方式才能讓孩子重視時間，認真做好每一件事情。孩子心裡也會感到很委屈，他們認為自己每天都在忙碌，並沒有故意偷懶，雖然做的事情沒有想像中那麼多，但是沒有功勞還有苦勞呢！

其實，家長忽略了一件重要的事情：孩子處在小學階段，他們對任何事物都有一個從了解到熟練掌握的過程。對孩子來說，想要近距離了解時間這個比較抽象的概念，用「開銷清單」的方式更為合適。例如下表，清晰、明瞭，讓孩子了解自己的時間「開銷」。

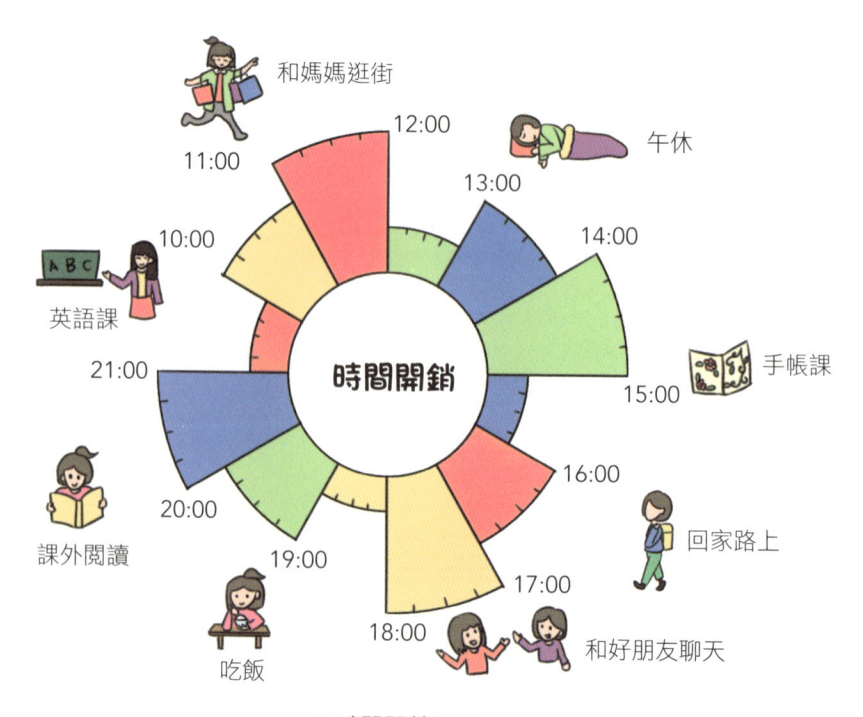

▲ 時間開銷記錄

成為時間管理高手

通過上面的圖表,可以讓孩子關注發生在自己身邊的每一小時、每一分鐘的事情,在記錄事情的過程中充分認識時間。

日常生活中,家長可以給孩子一份特別的圖表,目標中有相應的事情和時間的提示。孩子可以根據提示在圖表中填寫自己一天中的所有事情和所花費的時間。

當孩子能熟練地運用圖表後,家長就可以鼓勵孩子按照自己的喜好製作屬於自己的時間開銷記錄表。在記錄表中需要記下做每件事情開始和結束的時間,並計算出所耗費的時間,例如下面的「一周作息表」。

時間 \ 日期	星期一至星期五	星期六	星期天
7:00	起床		
7:30-8:00	閱讀古文半小時		
上午	上學	10:00-11:00 鋼琴六級課程	10:00-11:30 繪畫培訓
下午	上學	14:00-15:00 圍棋培訓 15:30-16:30 跆拳道	14:00-15:00 奧數培訓 15:30-16:30 游泳課
19:00-19:30	看新聞		
20:00-21:00	英語培訓	閱讀	做勞作
21:00-22:00	完成家庭作業	完成周末家庭作業	奧數習題5頁
22:30	睡覺		
本周目標	1. 備戰跆拳道升級考試;2. 備戰鋼琴6級考試;3.《西遊記》閱讀完成第三章		

很多孩子在剛接觸這種時間開銷記錄表時都很有興趣，也會認真記錄。但是過了幾天之後，他們就會感到枯燥乏味，對這件事情失去興致。這正是孩子倦怠期的表現，如果家長聽之任之，那麼孩子就會回到舒適狀態中，對時間的理解和對時間管理的應用並沒有什麼幫助。

家長在發現孩子有這種苗頭時，要鼓勵他堅持認真地記錄每一天的時間開銷。當家長帶領孩子堅持認真記錄時間開銷一個月後，孩子就會克服倦怠期，形成認真記錄的習慣，會主動做這件事。

如何解決

Step1 每天用 15 分鐘做時間開銷記錄

做時間開銷記錄應該成為孩子每天睡覺前必做的事情，不要占用孩子過多的時間，否則就會成為孩子的負擔，不利於孩子長期堅持。

孩子在一天中做的事情看似比較多，其實仔細想來通常就是那麼幾類事情。因此，在初期階段，家長和孩子一起做時間開銷記錄時，時間把握在 15 分鐘以內即可。

另外，家長還要和孩子一起制定日常時間管理計畫表，在計畫表中規定每天所要做的事情和所需的時間等。因此家長可以讓孩子把時間開銷記錄和日常時間管理表結合使用。比如在每天的時間管理表上記錄做每一件事情的具體時間，這樣會節省孩子很多時間和精力。

寶貝，你要學會做記錄，時間不宜過長。

▲ 媽媽的勸告

在孩子熟練使用時間開銷記錄後，所用的時間還可以進一步減少，甚至可以鼓勵孩子把時間管理表做成隨身攜帶的手帳式表格，在每天下課時間和課外就可以把時間開銷記錄做好。

Step2 鼓勵孩子學會分析時間

讓孩子做時間開銷記錄的目的不是單純為了記錄，而是讓孩子感受自己身邊時間的變化以及如何高效利用時間。因此在孩子熟練掌握時間開銷記錄後，家長可以每隔幾天和孩子一起分析記錄表，讓孩子清楚地知道自己每天都做了哪些事情，哪些事情是可以不做的，哪些事情是可以減少做的。

當孩子認真回顧反思了自己日常的行為後，他也能指出自己哪些時間是可以節省出來的，然後把這些時間用在其他方面。

Step3 和孩子一起探討對時間和計畫表的認識

當孩子對自己日常需要做的事以及相應耗費的時間有了清楚的認識後，家長可以和孩子一起商量如何對日常時間管理計畫進行修改，以及如何更高效率地利用時間。

例如，給孩子一個特殊的電子提醒裝備，比如電子錶、手錶等，或者在家裡顯眼的地方貼上名人名言等警示語等。

時間名言

一寸光陰一寸金，
寸金難買寸光陰。
——《增廣賢文》

如何教孩子分配 30 天的時間

有些孩子在做時間計畫表時會根據自己的喜好把計畫做得比較寬鬆。比如，他的計畫是只安排課後作業，完成後不肯再多做一點和學習有關的事，卻把遊戲和娛樂時間盡量延長。這會導致時間被白白浪費，當家長發現這個問題並詢問孩子時，他會說：「我已經按照計畫把學習任務完成了。」

可見孩子的時間計畫表是不合理的，因此，家長要教孩子正確認識時間管理和每天的任務之間的關係，並不是說孩子隨便制定一個計畫就合格了，而是要在有限的時間內高效地學習，還能愉快地玩耍和保證充足的休息。家長要教給孩子合理分配時間的具體方法，在某個時間段，列出最想做的事，然後進行排序，估算時間，具體方法如下表。

時間分配的順序

15:30-18:00 想要做的事	→	對要做的事進行排序	→	估算一下每件事要花費的時間	→	捨棄時間段內不能完成的事
・和朋友踢足球 ・玩遊戲 ・看動畫 ・做作業 ・看漫畫 ・玩玩具		1. 做作業 2. 和朋友踢足球 3. 看動畫 4. 玩玩具 5. 看漫畫 6. 玩遊戲		1. 做作業 30 分鐘 2. 踢足球 1 個小時 3. 看動畫 30 分鐘 4. 玩玩具 30 分鐘 5. 看漫畫 30 分鐘 6. 玩遊戲 1 個小時		1. 做作業 30 分鐘 2. 踢足球 1 個小時 3. 看動畫 30 分鐘 4. 玩玩具 30 分鐘 5. ~~看漫畫 30 分鐘~~ 6. ~~玩遊戲 1 個小時~~
		・作業需在睡覺之前做完 ・天黑了就不能踢足球了		・要把路上的時間也算進去		・漫畫和遊戲以後有時間再看、再玩

每個孩子對時間的理解不同，安排也不盡相同。在周末，有的孩子能利用這兩天的休息時間順利完成學習任務，還能開心地玩耍，甚至和父母做一些有意義

的事情。而有的孩子就會先用一天多的時間盡情地玩，在周日的下午或晚上拼命趕作業，甚至還要犧牲晚上休息的時間。孩子一邊焦急地趕作業，一邊還要聽著父母的嘮叨和責備，導致這個週末在匆忙和沮喪中結束。

因此家長要著重教會孩子學會分配自己的時間，告訴孩子把一天分為學習時間、休息時間和娛樂時間。其中學習時間還可以分為兩類，一類是在學校的學習時間，另一類是放學回到家中溫習和預習課程所用的時間，這類時間是最重要的。孩子要全身心地去完成這些任務。

休息時間包括午睡時間和晚上的睡眠時間，而這些時間是不能減少的，不然會影響第二天的精神狀態。所以家長要讓孩子明白，每天要按時睡覺、按時起床。

娛樂時間包括下課時間和寫完作業之後的遊戲時間。娛樂時間的作用是幫助孩子放鬆、緩解學習帶來的疲勞，鍛鍊身體增強體質。

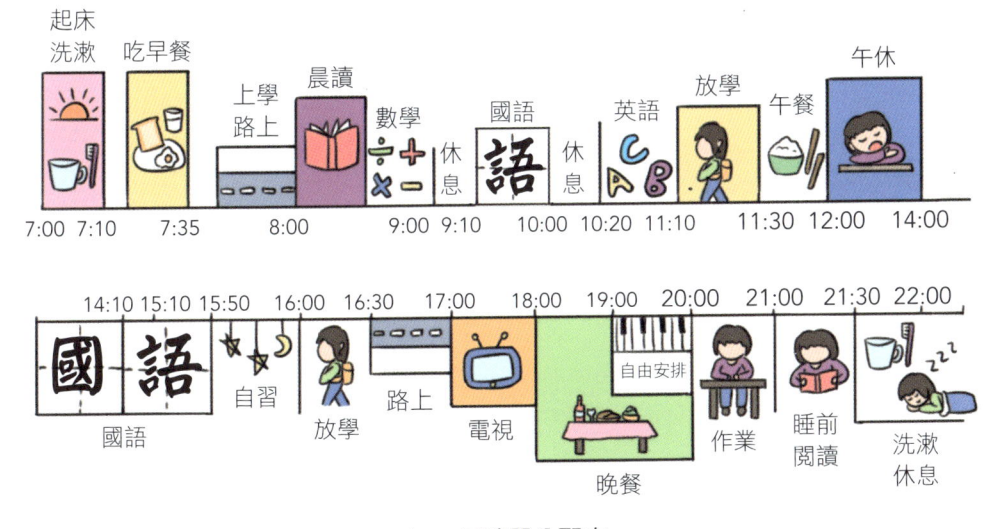

▲ 一日時間分配表

如何解決

一般來說，在教孩子進行合理的時間分配時，有以下方法供家長們參考。

Step1 讓孩子明白把主要時間用在重要的事情上

孩子在制定計畫時常犯的錯誤就是，把時間平均分配或者把自己喜歡做的事情分配的時間多一些，而重要的應該做的事情分配的時間卻很少。這就需要家長對孩子的時間計畫表進行審核和修正。當家長發現孩子出現這類問題時，要告訴孩子：我們日常做事都會有輕重主次之分，因此在安排日常的計畫時，要優先保證重要的事情有充足的時間去做，然後再安排其他事情，這就是著名的四象限法則。

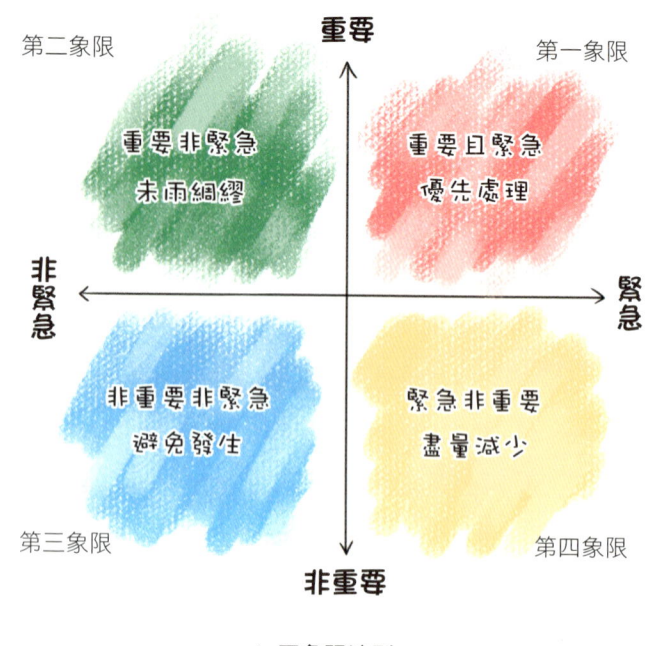

	重要	
第二象限 重要非緊急 未雨綢繆		第一象限 重要且緊急 優先處理
非緊急		緊急
第三象限 非重要非緊急 避免發生		第四象限 緊急非重要 盡量減少
	非重要	

▲ 四象限法則

Step2 鼓勵孩子把生活安排地豐富多彩一些

家長可以教孩子在制定計畫表時，將自己各方面的興趣愛好適當地放入計畫表中，作為休閒娛樂的一部分。這樣既可以充分滿足孩子的興趣，也能豐富孩子的日常生活，提高孩子按計畫做事的積極性。

需要注意的是，家長在指導孩子安排自己的興趣愛好時，不能把所有的愛好一股腦兒地放到計畫表中，還是要在一周或者一個月的計畫表中，每天都安排一定的時間作為滿足孩子興趣的時間。另外，家長可以每隔幾天來指導孩子的興趣愛好，以最大限度地提高孩子日常生活的樂趣。

這樣規劃時間更有效

孩子上小學後，家長們都希望他們能夠在時間管理方面做得越來越好。現實卻是大多數孩子並沒有達到家長的期望，以致家長感到憂心忡忡，甚至親自幫孩子制定時間計畫表並督促孩子去完成，效果往往也不理想。

歸根結柢，孩子在時間管理方面的成績是由他自己制定管理計畫的能力和執行意願的高低決定的。如果孩子僅僅是被動地執行家長的計畫，他們的主觀能動性沒有發揮出來，那麼他們做事的效率自然就與預期有較大的差距。

因此，家長在培養孩子的時間管理能力時，應將重心放在教孩子學會科學規劃時間和行動計畫上，提升他們做事的積極主動性。

讓孩子自己制定合理的時間計畫並不是一蹴而就的，這需要家長的引導。對孩子來說，短期的時間管理計畫很適合他們的初期實踐。一般來說，短期時間計畫包括第二天以及未來一周的日程安排。

在家長看來這是簡單至極的一種安排，但孩子很可能不知道如何去規劃。孩子以前做事沒有計畫性，或者按照家長的安排茫然地去做，自然不知道這些日常簡單的事情背後的邏輯關係，更不知道做事的理念和方法。因此，家長應教孩子從零開始計畫自己的日常事務。比如什麼時候起床，起床之後做事情的順序，放學回家後是先寫作業還是先玩耍，玩耍的時間應當控制多久，等等。

鑑於此，家長可以引導孩子先將一日核心事件列出來，包括家庭的主要作息、玩樂事件等，讓孩子有序地生活。然後再進行事件與時間的匹配，這件事看起來比較簡單，但是每一件事情背後都要考慮到多種因素，並做出合理的安排，這些都需要孩子理解後才能應用到生活中。

時間點	項目	時長
8:00	起床	30 分鐘
	早餐	
	洗漱	

續表

時間點	項目	時長
9:30-10:00	戶外活動	
11:00	午餐	30 分鐘
11:30-12:30	娛樂、休息	
12:30-14:30	午睡	120 分鐘
14:30-17:00	室內活動	
17:30	晚餐	30 分鐘
20:30	睡前閱讀	
21:00	洗漱、睡覺	

還有的孩子會認為自己日常生活主要是做那麼幾類事情，閉著眼睛都能數出來，他們會向家長提出直接做這些事情就行了，沒有必要一一寫下來並且規定時間，那樣會比較煩瑣。

對於這種情況，家長可以告訴孩子：我們即使要做簡單的事情，也要有一個小小的計畫，這樣對我們有很大的幫助。

從小事做起，養成制定計畫的習慣，能夠讓孩子學會如何做事。此外，在做事情前，讓孩子養成先思考的習慣，在今後做事情遇到意外情況時也不會慌亂。

家長在教孩子制定行動計畫時，要根據實際能力和具體情況而定。家長先讓孩子去做他能應對的事情，然後在一旁查缺補漏即可。

等孩子熟練掌握短期計畫制定的方法後，家長可以讓孩子參與更詳細的計畫和中遠期時間管理計畫的制定。當孩子習慣在做事之前先計畫，他的一些不良習慣也會逐漸被改變。

比如孩子以前做事沒有邏輯性或者只按照父母的安排去做，當他們學會安排事情時，就能明白自己在哪些事情上浪費了時間，自己每天忙忙碌碌的原因是什麼。他們在制定行動計畫後，實施中也會注意避免這些情況。當然，如果家長能夠進行適當的配合，孩子改掉不良習慣的可能性就會更大。

中長期計畫一般是指對未來一個月或以上的時間進行統籌安排的一種方式，它和短期行動計畫相比，對孩子的思維能力和執行能力要求更高。

比如，孩子在制定中長期行動計畫時，要考慮到未來比較長的一段時間內即將要做的事情以及可能出現的變化，而這些變化不是短期行動計畫中可以明確預見並避免的。

另外，中長期計畫會包括一系列的小計畫，這些小計畫如何相互銜接和配合以達到中長期計畫的目的，這些事情對孩子的能力也提出了更高的要求。

如果孩子在制定計畫中把事情想得過於簡單，沒有將影響因素考慮在內，就會在落實中困難重重，從而導致計畫失敗。

因此家長應該教孩子如何制定更加細致而全面的計畫，用更多的時間教孩子明白制定計畫的方法和要考慮的因素。同時家長還要告訴孩子，中長期計畫不是制定好後就照搬實施的，而是在實行中不斷地驗證和修訂，孩子也會在不斷的修正中提升制定和執行計畫的能力。

如何解決

具體來說，家長在引導孩子積極主動制定行動計畫中有以下方法供參考。

Step1 在計畫中要兼顧孩子的喜好

在日常生活中，孩子一般會面臨兩種事情，一種是自己必須要做的事情，比如學習、吃飯和休息等；另一種是孩子的興趣愛好，比如有的孩子喜歡彈鋼琴，有的孩子喜歡繪畫，還有的孩子喜歡體育運動等等。

因此在制定計畫時，家長要提醒孩子把這兩類事情都列入行動計畫表中，但是所占的時間不能平均分配。因為作為學生的主要任務就是學習，只有在完成了學習任務之後，才能去做自己喜歡的事情。這樣既能保證孩子在學業上不斷進步，也能兼顧到孩子的個人興趣愛好和特長的發揮，還能讓孩子更有動力執行時間管理的方案。

項目		時長
必須要做的事	起床、洗漱、早餐	30 分鐘
	上學	7 小時
	寫作業	60 分鐘
	整理書包	5 分鐘
興趣愛好	鋼琴	30 分鐘
	繪畫	30 分鐘
	積木	30 分鐘
	踢球	40 分鐘

Step2 讓孩子體會到主動做事的快樂

在小學階段的孩子，他們更渴望得到父母的讚賞，也更希望能夠從同齡人和師長那裡得到認可。家長可以從這個角度入手，讓他們感受到來自周圍人的欣賞以及發自內心的成就感，當孩子得到心理上的滿足後，會更加積極地按計畫做事。孩子做事越認真，成果也就會越大，得到的心理滿足和讚賞也就越多，這樣就形成了從行動到讚賞再到行動的正面反饋，有利於孩子取得更好的成績。

Step3 家長以朋友的身分鼓勵孩子盡力完成計畫

在很多家庭中，家長總是以一副高高在上的姿態教育孩子如何進行時間管理，但是這種方式並不一定能得到孩子的認同。相反，孩子甚至會因為雙方地位不平等而不敢把心裡話告訴父母，這樣更不利於孩子在時間管理方面的成長。如果家長能拋棄自己是長輩的想法，以朋友的身分和孩子相處，就會更容易得到孩子的認同。

如何正確實施獎勵和懲罰

時間管理在每個人的一生中都占據著重要的地位，它能幫助我們更加科學合理地安排工作，也能讓我們享受到更加充實而美好的生活。家長教孩子盡早掌握好時間管理的方法，對他們的成長也有很大的幫助。

通常家長在教育孩子時，不知道如何把握獎勵和懲罰的尺度。有教育家曾說過：「對孩子的教育，該獎不獎，該罰不罰，這是典型的放任自流的家庭教育；高興了就獎，生氣了就罰，這是最不負責任的家庭教育。」

所以，家長在教育孩子時，應該做到獎罰並用，給孩子獎勵和懲罰就相當於給小樹澆水施肥和修枝除蟲一樣，缺一不可。

關於獎勵

獎勵，是對於孩子正確行為的一種肯定，從心理學上講，獎勵就是一種強化，把孩子表現好的部分強化，直至養成習慣、形成本能。

孩子按時起床 ➡ 獎勵 ➡ 孩子按時起床 ➡ 獎勵 ➡ 不斷強化 ➡ 孩子養成了按時起床的好習慣

孩子認真完成作業 ➡ 獎勵 ➡ 孩子認真完成作業 ➡ 獎勵 ➡ 不斷強化 ➡ 孩子自發地認真完成作業

孩子按時睡覺 ➡ 獎勵 ➡ 孩子按時睡覺 ➡ 獎勵 ➡ 不斷強化 ➡ 孩子養成了按時睡覺的好習慣

以上按時起床、認真完成作業、按時睡覺都是家長的心理期望，是良好的行為習慣，給予孩子獎勵，是期望孩子以後能繼續保持，而獎勵便是對行為的強化，我們也可以把這些獎勵叫作強化物。

關於懲罰

為什麼要懲罰呢？因為家長要讓孩子懂得規則，家庭有家庭規則，學校有學校規則，社會有社會規則，我們在生活中要遵循各種各樣的規則，當違背規則時，就會受到懲罰。

孩子也將面對一些規則，讓孩子看到自己的行為違背規則所造成的後果，印象才會深刻，才不會再犯錯誤。孩子犯錯，需要父母來幫助糾正。所以，教育和糾正偏差時，萬萬不可心軟。

對於獎勵和懲罰該如何把握，什麼時候該給出什麼樣的獎勵，什麼時候該給出什麼樣的懲罰呢？

如何解決

家長如何正確地實施獎勵？

Step1 不能誤用獎勵

比如，兒子見到心愛的玩具要買，媽媽不買，兒子就大鬧，媽媽只好買了；爸爸在專心看書，兒子在旁邊大聲吵鬧，爸爸就給錢讓兒子去買糖；孩子不聽父母的安排，父母給出各種物質誘惑讓孩子聽話。我們可以發現，這些都只是家長對於孩子的淘氣無可奈何的妥協，一定要杜絕此種情況。

Step2 獎勵規則明確

獎勵是家長重要的強化方式，倘若獎勵沒有固定的規則，全憑家長的心情，隨心所欲，這樣下來，孩子甚至不知道自己下一個行為是否具有努力的意義，那麼這樣的獎勵也沒有任何意義。

Step3 控制獎勵頻率

獎勵就是在孩子好的表現之後給出的強化物，假如獎勵次次如是，具有很強

的規律性，久而久之，會讓孩子為了獎勵而做事，一旦離開了獎勵，孩子好的行為就消失了，這顯然不符合我們的初衷。因此從一開始，對於孩子的行為獎勵次數就不宜過高，且需要變化獎勵間隔的時間，打亂強化的規律，避免孩子專心地等待強化，最後使獎勵由多到少，趨近於無。

家長如何正確地實施懲罰？

Step1 家長情緒不良時，拒絕實施懲罰

懲罰本來就需要家長站在公平的角度上，以理性來判斷孩子的行為。若是家長連自己的情緒都無法把握，那麼在這種情況下極度容易將自己的各種負面情緒宣洩在孩子的錯誤之上，使得原本的懲罰升級變味，讓孩子產生反抗心理，降低自己在孩子心目中的形象與威信。

Step2 懲罰規則明確

孩子第一次犯錯，我們當然不會去嚴厲地懲罰孩子，只會耐心地教導他，那麼這也正是制定懲罰規則的時候了，下次再犯就應該執行這個懲罰規則，不能隨意地更改、妥協，甚至罰後又賞。如果這樣做，那麼孩子對於這個錯誤的畏懼將會接近於零，再次犯錯的概率可能會高達百分之百。

Step3 避免在公共場所和外人面前懲罰孩子

孩子也有自尊，當眾不留情面的懲罰會傷害孩子的自尊心，在這種情況下也更容易使孩子產生反抗心理，使得教育失去意義。

Step4 懲罰以後要和孩子溝通

懲罰之後必須要及時與孩子講道理，一定要向孩子解釋懲罰的原因。通過說理、剖析的方式使孩子明白他為什麼會受罰，知道犯錯誤的原因，講清楚如果堅持犯下去將有什麼後果，讓孩子明白自己受罰的原因才是根除錯誤的關鍵。

總結

　　遊戲是孩子最喜歡、最容易接受的學習方式，這種方式既能玩又能學習，一舉兩得，是讓孩子認知世界的最好的方式。

💡 **家長和孩子共同的任務**：一起分配時間，各自做各自的規劃

💡 **家長的任務 1**：尊重孩子，學會誇獎，激發孩子內驅力

💡 **家長的任務 2**：發現孩子的優點並記錄

Part 6

兒童時間管理其實就是自我管理

自驅力 懂時間管理的孩子更自律

> 很多家長可能會說：孩子還小，現在學時間管理沒多大用，等他長大了，自然也就知道時間的重要性，懂得利用自己的時間了。
>
> 事實並非如此。
>
> 讓孩子早一點學會時間管理，就能早一點進行自我管理。自律的孩子不需要家長過於擔心，他們就已經安排好了每一天的生活和學習；擁有良好情緒管理的孩子，不僅在學校受歡迎，能交到很多好朋友，學習過程中，也會更快、更好地自我調節，遠離厭學等情緒。

如何讓孩子更自律

在孩子上小學後，家長們都希望他們能夠早日成為獨立上進的孩子，願望是美好的，現實卻非常殘酷。每天早晨，家長總是再三提醒孩子吃早餐、帶好學習用具去上學。孩子放學回家後，家長又總是催促孩子寫作業。無論家長多麼焦急地催孩子，孩子做事磨磨蹭蹭，好像對什麼都不放在心上，以至於家長經常為此大發雷霆。

孩子看到父母真的發火了，就會表現得好一些，可是過不了兩天又故態復萌，親子之間又陷入了「父母嘮叨催促，孩子毫不在意」的模式中。

這種親子相處模式讓很多孩子煩不勝煩，也讓家長們心力交瘁。他們多麼希望自己的孩子能夠做到自律。

大多數家長認為，自律對孩子來說是一件非常重要的事。如果孩子能夠做到自律，那麼他的人生中就沒有解決不了的難題，在競爭激烈的現代社會，這是一種多麼寶貴的品質啊。

不可否認，家長的觀點確實很有道理，但想讓孩子成為一個有很強自律能力的小學生，這可不是說說就能解決的。

自律，簡單地說就是一個人能夠克服自己的喜歡或厭惡之情，去做自己應

兒童時間管理其實就是自我管理

該做的事情。成人想要成為一個有著高度自律能力的人尚且不易，更何況小學生呢？

毫無疑問，其中存在著較高的難度。可以說，家長們希望孩子能夠自律這個出發點是好的，但是還需要他們能夠針對自己孩子的個性特點進行相應的引導和教育，才能達到自己的期望。

在培養孩子自律的過程中，想了很多辦法，卻總是效果不佳

有的家長經常給孩子強調時間的重要性，孩子在聽的時候總會認為家長講得很有道理，也一再表示要盡量按照家長的期望去做。但是，孩子在生活中做事時和以前並沒什麼區別。

有的父母用嚴厲懲罰的方式強迫孩子把注意力從玩樂轉移到學習中，結果卻遭到孩子強烈的抗議。

有的父母為了讓孩子順利完成作業，只好每天都陪著孩子寫作業，緊盯著孩子的一舉一動，時不時提醒孩子要認真學習。

在這種類似於監視的狀態下，孩子的作業能按時寫完。但是當家長工作繁忙，顧不上盯著孩子寫作業時，孩子就會偷懶或去玩遊戲。

那麼我們應該怎麼做才能讓孩子養成自律的好習慣呢？具體來說，有以下方法供家長們參考。

如何解決

Step1 和孩子做一個約定

孩子是自己時間管理的主人，他的自律與否直接影響他的成績。家長要告訴孩子，父母相信他是一名優秀的小學生，只要他願意，就能做到約束自己，做自

己應該做的事情，成為一個生活上和學習上都能嚴格自律的人。

家長在鼓勵孩子積極承擔自己的責任，學會自律生活的同時，可以和孩子做一個成長約定：家長不像以前那樣時時刻刻盯著孩子，而是充分信任孩子，相信孩子的承諾。

孩子看到家長對自己非常信任，他們的責任心也會被激發出來，在日常生活和學習中也會更加積極主動。當然，親子之間的約定並不等於父母完全放手，任孩子由著性子去做事，而是和孩子之間保持一定的距離。當孩子在嘗試自律的過程中遇到難題時，父母還是要及時施予援手，並遵守約定，不過多干預孩子的生活細節。

Step2 引導孩子擺脫做事懶惰的習慣

懶惰是孩子成長過程中的「攔路虎」，孩子一旦養成了懶惰的習慣，就會不願意付出，在學習中遇到難題也會放棄，缺乏克服困難的勇氣。孩子在做事情時挑挑揀揀，什麼事情省事、好玩就做什麼，而不考慮對自己的成長是否有幫助。

自律要求孩子能夠克服個人看法，積極主動地去做應該做的事情，這和孩子懶惰的不良習慣形成了鮮明的反差。因此，家長在生活中應該從小事抓起，讓孩子擺脫懶惰，養成不怕苦不怕累、做事勤快的好習慣。這時，家長再提高孩子的自律性就很容易成功了。

Step3 培養孩子的自律需要親子長時間的努力

養成一個良好的行為習慣需要長時間的堅持才能成功，在提高孩子的自律性方面也是同樣的道理。孩子正處在小學階段，他們本身的自制力就比較差，而自律性又要求他們克服自己的好惡，積極主動做事，這就和孩子趨利避害的天性有衝突。

因此，家長不能期望在短時間內就讓孩子養成良好的自律習慣，要認識到這是一件需要長期努力才能做到的事情。在此期間，家長要以積極樂觀的心態看待孩子成長中出現的問題，並想方設法解決。當孩子體會到家長的理解、寬容和支持後，做事的積極性會更高，學習、生活會越來越自律。

你若不催促，孩子不牴觸

每當上學和放學的時候，學校門口就會聚集很多接送孩子的家長。他們聊天的主題總離不開孩子，有的家長在分享自己孩子的生活之餘，總是不忘吐槽一番。

> 我家孩子做什麼事情都磨磨蹭蹭，我要經常催他才行。

> 我家孩子寫作業要盯著才能按時完成，不然一定寫不完。

> 我家孩子做個勞作，如果你不催他，他能用上大半天的時間去做。本來是 20 分鐘能完成的事情，他能給你拖延到 2 小時甚至 3 小時，真是讓人著急。

自從孩子上了小學之後，每家都有本難念的經。家長發現，催促之後，孩子的行動力增強了一些，他們不催促時孩子又懈怠了。這正好印證了家長的推測，他們也因此對孩子管束更嚴格了。

時間久了，家長們發現：無論自己如何催促，孩子的行動力依然比較低，孩子對家長的不滿也越來越多，那麼問題出在哪裡呢？

事實上，家長們認為自己督促孩子是愛的體現，是為孩子著想，但是他們沒有想到自己的這種行為在孩子眼裡意味著批評和否定。

孩子如何看待家長的督促？

孩子在潛意識裡會認為無論自己做什麼事情都會受到同樣的否定，他們的心情就會比較低落，認為自己做什麼事都不能令家長滿意，無論自己多努力也不會得到認可。

> 久而久之，他們做事情的熱情就會下降，效率也會降低，表現出來就是家長眼中的「做事情越來越慢」。
>
> 當這種情況變得習以為常後，孩子在做事的時候也就更不上心了，他知道每天父母會安排他的事情，他不用為此去費腦筋思考。

另外，家長的很多催促中往往夾雜著不滿和指責，比如家長會對孩子說：「你這段時間做事總是慢吞吞的，作業往往寫不完，吃飯也很慢，就連收拾房間都漫不經心，真是讓人生氣。」

當家長把對孩子的催促變為對他整個人的指責時，就會影響到孩子做事的專注力，導致他不知道自己接下來應該做什麼。當然，家長的出發點是好的，是為了孩子能夠有效利用時間，以便在學習和生活中能取得良好的收益，但是這種方式並沒有收到好的效果，因此我們應該轉變觀念，用更合適的方式提升孩子的積極主動性。

如何解決

Step1 用引導和鼓勵而非催促的方式提醒孩子

當家長看到孩子做事拖拖拉拉時，可以用引導和鼓勵的方式提醒孩子珍惜時間，加快做事的速度。

比如家長可以對孩子說：

> 我知道你的數學是很棒的，今天的數學作業我相信你能在 40 分鐘之內做完，你認為呢？

孩子聽後就會感到很高興，認為家長看到了他的優點，而且相信他的能力，這是對他最大的肯定。

兒童時間管理其實就是自我管理

孩子就會回答說：

> 謝謝你們對我的鼓勵，這些題目都比較簡單，雖然其中有一兩道難題，但是半個小時內我就可以全部做完，不信我們可以計時，看一看我說的是不是真的。

Step2 允許孩子在一定範圍內浪費時間

在生活中，有的家長在教孩子掌握時間管理的方法時，總是對孩子過於嚴格，當看到孩子有浪費時間的情況時，就會生氣，甚至會指責孩子。

他們忘記了孩子年紀還比較小，自控能力比成人要弱很多，像成人一樣一點也不浪費時間對他們來說是難以做到的事。

家長的嚴苛要求會引起孩子的不滿，所以我們在給孩子制定時間計畫時，不要把時間排得特別緊密，要留出適當的時間供孩子休息。當看到孩子有浪費時間的情況時，要寬容地對待。

Step3 創造良好家庭氛圍，提高孩子做事積極性

家庭是孩子的人生港灣，也是孩子成長的第一課堂。父母在家中的一言一行和對孩子的態度，都會直接影響孩子對自己的判斷。

例如，當孩子每天放學回到家中，感受到的是父母對他們的呵護和愛意時，他們的心中也會充滿愛和感激；當他們每天都能和父母開心地說說笑笑時，他們的心情也是輕鬆愉快的；當他們看到父母在工作和生活中樂觀向上的積極心態時，他們也會受到這種良好氛圍的影響，在做事情時也會更加積極主動。

因此，家長們在生活中要為孩子營造一個有利於他們快樂成長的家庭氛圍，同時，在生活中要起到榜樣的作用，讓孩子看到父母的積極性，這比給孩子講多少大道理都管用。

這樣寫作業事半功倍

在孩子進入學齡階段之後,在家長們比較煩心的事情中,排在第一位的應該是孩子的作業問題。不少家長有這樣的疑惑:自己的孩子和其他孩子是同一個學校同一個年級,老師留給孩子的作業也是一樣的。為什麼有的孩子能又快又好地完成任務,自己家的孩子卻總是無限拖延,每到寫作業時理由數不勝數,磨磨蹭蹭,時間一拖再拖。

有一位家長曾經對朋友說:「我的孩子現在是小學三年級。他在寫作業方面還是掌握不了時間,注意力不集中。和他同班的小朋友1小時就能寫完的作業,他往往要用3小時才能寫完,居然還抱怨自己累得筋疲力盡。我家孩子的這些毛病真是讓人頭疼啊。」

從這位家長的話中,我們能看到他的焦慮和困擾。有不少家長和他有同樣的感受,都想要盡快解決孩子身上的這種問題,以免隨著孩子年齡的增長,這種不良習慣會影響他們的學業。因此,我們要找到合理的解決方法,教孩子學會對自己的作業進行管理,在盡量短的時間內取得更好的學習效果。

如何解決

Step1 讓孩子在完成優勢科目作業中找回自信心

孩子之所以寫作業出現拖延磨蹭等情況,一個重要的原因就是他們沒有從中找到學習的樂趣。也就是說,他們在寫作業中沒有得到足夠的自我價值認同。比如,孩子寫完作業交給老師後,得到的反饋比較少。家長大多是看孩子的作業是否完成,對孩子寫作業中具體的思維過程和解題思路,以及各科的學習技巧等並沒有給予真正的引導。在孩子看來,自己寫完作業僅僅是完成了一個任務。當這

種勞動在付出之後沒有得到相應的肯定時,他們會從內心裡對類似的事情不太重視,甚至僅僅是為了應付任務而去完成,效率自然會下降。

面對這種情況,家長可以適當調整孩子寫作業的順序,讓他先寫擅長科目的作業。孩子完成這門作業後,家長要認真檢查並給予表揚,讓孩子從完成這門課的作業中體會到家長的讚賞和鼓勵,這樣有利於他的自信心的建立。

Step2 讓孩子在解決難題中體會到成就感

很多孩子在寫作業中遇到難題時要麼繞道而走,要麼完全依賴家長的指導。這兩種方式都有弊端,並不能從根本上解決孩子學習主動性的問題。家長可以換個方法指導孩子解決這種難題,那就是教給孩子相應的解題思路,鼓勵他自己解決這些難題。

通常情況下,孩子在得到家長的指點後大都能自己解決難題。如果孩子依然沒能攻克眼前的難題,家長可以手把手教他如何解題,並把思路和解題方法詳細教給他。當孩子解決難題之後,家長可以及時給他找一些類似的難題,讓他獨立完成以鞏固所學知識。同時,家長還要表揚孩子在解決難題中的主動性和成績,讓他看到自己的進步得到了家長的認可。這種成就感對孩子的激勵作用比較大。

Step3 讓孩子在高效率學習後自由支配富餘的時間

孩子在寫作業中浪費時間的情況比較普遍。家長們對此很惱火,但是他們忽略了其中的一個重要因素。孩子往往認為即使盡快寫完作業,也會面臨家長布置的其他任務,留給自己玩耍的時間同樣不多。這種情況下,孩子認為自己做哪些事情都是一樣的,慢慢寫作業比寫完作業再做其他任務要好一些。因此,家長可以在孩子的時間管理安排上進行相應的調整,鼓勵孩子在盡可能短的時間內高品質地完成作業,然後節省下來的時間可由他們自由支配。這樣會大大激發孩子寫作業的積極性,很快完成作業。

教養生活 82
自驅力：懂時間管理的孩子更自律

作　　者	青藍圖書
圖表提供	青藍圖書
副 主 編	陳萱宇
主　　編	謝翠鈺
行銷企劃	鄭家謙
封面設計	魚展設計
美術編輯	菩薩蠻數位文化有限公司
董 事 長	趙政岷
出 版 者	時報文化出版企業股份有限公司
	108019台北市和平西路三段二四○號七樓
	發行專線─（○二）二三○六六八四二
	讀者服務專線─○八○○二三一七○五
	（○二）二三○四七一○三
	讀者服務傳真─（○二）二三○四六八五八
	郵撥─一九三四四七二四時報文化出版公司
	信箱─一○八九九 台北華江橋郵局第九九信箱
時報悅讀網	http://www.readingtimes.com.tw
法律顧問	理律法律事務所 陳長文律師、李念祖律師
印　　刷	勁達印刷有限公司
初版一刷	二○二五年七月十八日
定　　價	新台幣三八○元

缺頁或破損的書，請寄回更換

時報文化出版公司成立於一九七五年，
並於一九九九年股票上櫃公開發行，
於二○○八年脫離中時集團非屬旺中，
以「尊重智慧與創意的文化事業」為信念。

自驅力：懂時間管理的孩子更自律/青藍圖書著. --
初版. -- 臺北市：時報文化出版企業股份有限公司,
2025.07
　面；　　公分. --（教養生活；82）
ISBN 978-626-419-559-1（平裝）

1.CST: 親職教育　2.CST: 子女教育
3.CST: 時間管理　4.CST: 學習方法

528.2　　　　　　　　　　　　　114006786

ISBN 978-626-419-559-1
Printed in Taiwan

本書通過四川文智立心傳媒有限公司代理，經北京青藍品牌管理有限公司授權，同意由時報文化出版企業股份有限公司在全球發行中文繁體字版本。非經書面同意，不得以任何形式任意重製、轉載。